हम फ़िदा-ए-लखनऊ

(लखनऊ की विशिष्ट संस्कृति में रंगे जन-जीवन पर रोचक कहानियाँ)

अमृतलाल नागर

राजपाल

स्थापित 1912
100 वर्षों की श्रेष्ठ प्रकाशन परम्परा
राजपाल

₹ 265
ISBN : 9788170288329

HUM FIDA-E-LUCKNOW by Amritlal Nagar
मुद्रक : जी.एस. ऑफसेट दिल्ली

राजपाल एण्ड सन्ज़
1590, मदरसा रोड, कश्मीरी गेट, दिल्ली-110006
फोन : 011-23869812, 23865483, 23867791
e-mail : sales@rajpalpublishing.com
www.rajpalpublishing.com
www.facebook.com/rajpalandsons

क्रम

नवाब साहब

कहते हैं खुदाबन्दकरीम जब किसी को कुछ देना चाहता है, तो पहले उसका छप्पर फाड़ डालता है; मगर जनाब, यहाँ तो उसने मेरी कमीज़ पर ही हाथ साफ किया।

किस्सा यों है कि कलकत्ते की सिन्दुरिया पट्टी के मोड़ पर खड़ा पान खा रहा था। एकाएक ऐसा मालूम पड़ने लगा कि मेरे बगल में लखनऊ के मशहूर ताज़िर इत्रफरोश असगर अली मोहम्मद अली की ब्रांच नहीं, तो एजेन्सी तो ज़रूर ही खुल गई है। जो नज़र घुमा के देखता हूँ तो वल्लाह, आँखें जुड़ीं, कलेजे को ठंडक पहुँची। एकदम खयाल मुझे लखनऊ के चौक में दौड़ा ले गया। इन ढीली धोती और पगड़ी वाले बंगालियों और मारवाड़ियों के शहर में वह चुस्त चपकन, वह सुरमीली आँखें, वह काकुलें—बस आपसे क्या अर्ज़ करूँ, दिल ने चाहा कि उस अदा पर वहीं अपने को सौ बार कुर्बान कर दूँ। नवाब साहब भी पान खाने के लिए ही खड़े हुए थे। सीने पर लगी हुई पतली-सी जेब में, ज़रा कमर झुकाकर, इस नज़ाकत के साथ, उन्होंने दो उंगलियाँ डालकर एक इकन्नी निकाली कि...मगर वैसे ही बगल से एक बंगालिन मज़दूरनी चमककर धक्का देती हुई निकल गई। मैं एकदम दीवार से भिड़ गया। ज़रा संभलना चाहता था कि पीछे से झूमता हुआ एक मस्त साँड़ आ धमका। लपक के तेज़ी में जो आगे बढ़ना चाहा तो दीवार में लगी हुई कील ने इस नाचीज़ पर ऐन इनायत की। चरररर-चर्र से कमीज़ की बाँह ने अपना दरवाज़ा खोलकर फटी बनियान की बाँकी झाँकी लोगों को ठीक उसी तरह दिखाना शुरू किया, जैसे कि हवा का तेज़ झोंका अक्सर काले देव की बेगमात के चेहरों का नकाब उलटकर लोगों को उनकी खूबसूरती का कायल करना चाहता है। मैं आपसे अर्ज़ करूँ, कि खुदा जाने कितनी हसरतों और तमन्नाओं को एक फकत उस कमीज़ में लपेटकर लखनऊ से कलकत्ता आया था कि इस एक नई कमीज़ को पहनकर दिन-भर मिलों में नौकरी की तलाश में घूमूँगा, शाम

को टहलने जाऊँगा और रात को अपने ही हाथों सनलाइट साबुन से उसकी मालिश किया करूँगा। मुर्गी के लिए तकुए का घाव ही बहुत होता है। मेरी कमीज़ का फट जाना और अवध के कन्हैया नवाब वाजिदअली शाह साहब से अंग्रेज़ों का उनकी तमाम सल्तनत का छीन लेना, बिलकुल एक ही वज़न की दो चीजें थीं।

पैदाइश, रहना-सहना खास लखनऊ का ही ठहरा, अगर कहीं बनारस या मिर्जापुर का असर होता, तो आप यकीन मानिए, उस पान वाले की खैर न थी, जो कम्बख्त दीवार में कील ठोके रहता है। नवाब साहब ने बड़े अफसोस के साथ मेरी तरफ देखकर हमदर्दी से भरे दो-चार अलफाज़ कह दिए। गमगीन था ही, उनकी इस हमदर्दी से हुब्बे-वतनी ने ज़ोर मारा। एकदम एक सेकेण्ड के लिए अपना दुख-दर्द भूलकर अपने शहर की तहजीब के खयाल में गर्क हो कुछ यों ही बदहवास-सा हो गया और कमीज़ की बाँह पकड़कर उसी बदहवासी की हालत में जो आगे बढ़ा, तो नवाब साहब भी पलटे। मेरे एक हल्के-से धक्के से उनकी पतली खुशनुमा, नाज़ुक छड़ी हाथ से छूटकर गिर पड़ी।

कसम खा के कहता हूँ, शर्म से पानी-पानी हो गया। "आह मुआफ फरमाइएगा," कहकर मैंने लपककर उनकी छड़ी उठाई, दामन से साफ किया, होंठों से चूमा और दोनों हाथों में रखकर उनकी तरफ झुका। झुककर नवाब साहब ने छड़ी उठाई, शुक्रिया अदा किया और फिर फरमाया, "आपकी कमीज़ फट जाने का मुझे निहायत अफसोस हुआ!"

उनके सामने कैसे कहता कि अफसोस की बस अब कुछ पूछिए मत। यहाँ तो दिल पर छुरियाँ चल रही हैं। मगर दिली जज़्बात को कलेजे पर हाथ रखके रोका और यों अर्ज़ किया, "अजी वाह, इस ज़रा-सी बात के लिए अपने दिल को रंज न पहुँचाएँ। कोई खास बात नहीं। मैं जनाब की इस हमदर्दी के लिए शुक्रिया अदा करने की इजाज़त चाहता हूँ।"

बड़े तपाक के साथ नवाब साहब ने फरमाया, "वल्ला, आप भी..." फिर एक लहमे के लिए रुककर ज़रा जोश के साथ कहा, "माशाअल्ला, क्या शीरीं ज़बान है च्-हा-हा? जनाब का दौलतखाना!"

"गरीबखाना लखनऊ में है, बन्दापरवर!"

बड़े जोश के साथ मेरा हाथ अपने दोनों हाथों में निहायत मुलायमियत से दबाकर कहा, "ओहो! वल्ला, तभी मैं कहूँ कि यह लहजा, यह तर्जे-गुफ्तगू सिवा हमारे शहर के और कहाँ आ सकती है? मगर भाईजान, खूब मुलाकात

हुई आपसे भी, आप यकीन मानिएगा, वल्ला आँखें तरस उठी थीं अपने हम-वतन को देखने के लिए!"

निहायत अदब के साथ मैंने अर्ज़ किया, "हें-हें-हें, मुआफ फरमाइएगा, हुज़ूर यहाँ कहाँ तशरीफ रखते हैं।

"बन्दा यहाँ ज़करिया स्ट्रीट पर कयाम करता है। बात यह है कि मैंने आपसे अर्ज़ किया न, कि जानआलम नवाब वाजिदअली शाह साहब खुदा उन्हें जन्नत बख्शे, मेरे परबाबाजान थे। जी हाँ! और अब एक तरह से आप खयाल फरमाइए कि यहीं का बाशिन्दा हूँ। इधर हाल में ही कोई तीन-चार महीने का वाकया है, लखनऊ गया था; मगर साहब, सच तो यह है कि वहाँ जाकर अब जी भर आता है। कहाँ तो अपना शहर; अपनी हुकूमत! आप यकीन मानिएगा, वहाँ जाकर मैं फूट-फूट कर रोया। सब कुछ लुट गया जनाब, आह!" नवाब साहब कुछ देर के लिए शोक में डूब गए।

मुझे अपनी फटी हुई कमीज़ का जो ध्यान आया तो दिल गले-गले भर आया। निहायत अफसोस के साथ एक सर्द आह खींचकर अर्ज़ किया, "अरे वह दिन हवा हुए, जब पसीना गुलाब था। आह! क्या-क्या अरमान थे, कितनी हसरतें थीं। सारी रियासत तबाह हो गई। मगर अब क्या? एकदम मजनूँ की तरह घूम रहे हैं। कहाँ तो ये हालत थी कि अरबों का कपड़ा उठाकर गरीबों को बाँट दिया और चेहरे पर शिकन तक नहीं, और कहाँ आज यह हालत है कि बस अब पूछिए मत। जिसकी जैसी इज़्ज़त है, वही बनाए बैठे हैं। मगर अब खुदा की मर्ज़ी में चारा क्या है? जिसकी इज़्ज़त उसने लूट ली, हम तो कहते हैं, भाई लूट लो। तुम्हीं ने बख्शी थी, अब वापस ले रहे हो। खैर, तुम्हारी मर्ज़ी!" कहकर मैंने फिर एक सर्द आह खींची।

नवाब साहब ने बात पलटते हुए कहा, "लखनऊ में आप किस जगह तशरीफ रखते हैं?"

"फिदवी पाटेनाले पर आपके ज़ेरसाये परवरिश पाता है।"

"क्या फरमाया आपने, पाटेनाले पर? पाटेनाले पर तो मेरे मामूजाद भाई भी रहते हैं। गालिबन आप उनसे वाकिफ भी हों। जनाब फरज़न्द अली साहब उनका इस्म-मुबारक है।"

हलफ उठाकर कहता हूँ, इस नाम को अपनी ज़िन्दगी में पहली ही बार सुना था। वजह यह थी कि पाटेनाले वाला अपना ज़ाती मकान जब खंडहर हो गया, तभी से वालिद बुज़ुर्गवार साहब मय अपने बाल-बच्चों के मुफ्तीगंज में एक

किराये के मकान में उठ आए थे; मगर अब इस वक्त तो अपनी, अपने बाप-दादों के बड़प्पन की और नवाब साहब की शान रखनी थी। लिहाजा चट से बोल उठा, ''बखूबी जानता हूँ साहब। और सच तो यह है कि नवाब साहब के यहाँ ही मेरी चौबीस घण्टे की बैठक है। चू-हा-हा-हा, अल्ला ताला ने क्या नेक तबीयत उनको बख़्शी है! वाह-वाह! खुदा उन्हें सलामत रक्खे, बड़े ही ज़िन्दादिल आदमी हैं वह भी।''

नवाब साहब ने एक बार फिर बड़े जोश के साथ मेरा हाथ दबाया और बोले, ''ओहो, तब तो आप मेरे अज़ीज़ हैं। जनाब का इस्मशरीफ?''

''खाकसार को 'तस्लीम' लखनवी कहते हैं।''

''अक्खा, आप ही तस्लीम साहब हैं। जनाब से नियाज़ हासिल करने का तो एक अर्से से इश्तियाक था। और फरज़न्द भाई तो आपकी इस कदर तारीफ करते थे कि बस! यकीन मानिएगा, सचमुच इस वक्त तो तबीयत खुश हो गई भाईजान! वल्ला देखिए, खुदा की मर्ज़ी! चू-हा-हा-हा। भई फिर कहूँगा कि खूब मिले भाईजान! जिन दिनों मैं लखनऊ गया हुआ था, शायद आप वहाँ तशरीफ नहीं रखते थे।

''जी हाँ, आपका फरमाना बजा है। उन दिनों देवें-शरीफ का मेला था, वहीं मुशायरे का इन्तज़ाम था और आपका यह गुलाम उस जल्से की सदारत के लिए गया था, वरना आपसे दीदार हासिल हो जाता।''

''और कहिए, फरज़न्द भाई तो मज़े में हैं न?''

''जी हाँ, सब अल्लाह का शुक्र है। आपको अक्सर याद किया करते हैं।''

नवाब साहब हँसते हुए बोले, ''अरे जनाब, हम लोग तो हम-प्याला और हम-निवाला हैं। आपको शायद मालूम भी हो, भाईचारे से जियादा हम लोग एक-दूसरे के जिगरी दोस्त हैं। और कहिए, उनका लख्तेजिगर महमूद तो मज़े में है न? बड़ा शरीफ लड़का है।''

''जी हाँ, बड़ा शरीफ; मगर आप यकीन मानिए कि मेरा बड़ा अदब करता है। जी हाँ।''

''और वो अब्बासी महरी? भई बड़े नेक हैं।''

''जी हाँ, क्या कहने हैं उसके भी। गज़ब का इखलाक है और ऐसी पुर-मज़ाक कि वाह! मैं कलकत्ते आने लगा तो ताँगा रोक के बोली, मेरे लिए मुर्शिदाबादी साड़ी लाइएगा। देखिए, भूलिएगा मत।''

"और उनका लाल़ बटेर! आपको मानना होगा साहब, कि उसकी जोड़ का लखनऊ में दूसरा न मिलेगा।"

निहायत अफसोस के साथ साँस लेकर मैंने कहा, "अरे जनाब, बस अब कुछ अर्ज़ नहीं किया जाता। कलेजा मुँह को आ रहा है। आज कोई आठ रोज़ हुए, अल्लाह करे उस कम्बख्त बिल्ली को जहन्नुम में भी कीड़े नोच-नोचकर खा जाएँ। खुदा की मर्ज़ी, उसी के हाथों उसे जन्नत बदी थी!"

एकाएक चौंककर नवाब साहब ने फरमाया, "अरे, यह आप क्या फरमा रहे हैं? हाय-हाय, बड़ा प्यारा जानवर था। अब तक उसका चेहरा आँखों के सामने नाच रहा है। क्या नोकीली चोंच थी। और साहब, क्या मस्तानी अदा थी उसकी भी। खैर साहब, जब आप लखनऊ तशरीफ ले जाएँ, तो मेरी तरफ से फरज़न्द भाई को दिलासा दीजिएगा। उन्हें बड़ा अज़ीज़ था। हरदम चाटा ही करते थे उसे।"

एक-दो मिनट तक चुप रहने के बाद नवाब ने दोनों हाथों से छड़ी को कमर के पीछे रख, पान की गिलौरी को एक गाल से दूसरी तरफ फेरते हुए कहा, "और सुनाइए साहब, और हाल-चाल क्या हैं?"

मैंने भी उसी तरह निहायत इतमीनान के साथ जवाब दिया, "और सब अल्लाह का शुक्र है, आपकी नवाज़िश है।"

"लखनऊ में शायद आप अच्छन टाँगेवाले को भी ज़रूर जानते होंगे। जनाब ऐसा ज़बर्दस्त पेंच लड़ानेवाला आपको ज़रा कम मिलेगा। चू-अहा-हा! अभी हाल ही में जब मैं लखनऊ गया था, फरज़न्द भाई ने कहा, "मियाँ इसका भी पेंच देखते जाओ।" हमने हँसकर टाल दिया कि क्या खाकर कोई अब लखनऊ में कनकव्वा उड़ाएगा! कहाँ तो साहब यह हाल था कि आप यकीन नहीं लाएँगे, मेरे वालिद साहब मरहूम ने एक बार हुसेनाबाद वाले लड्डन नवाब से मैदान बदा। आप यकीन मानें, आँखों देखी बात अर्ज़ कर रहा हूँ। वो-वो पेंच लड़े थे, कि बस आपसे क्या अर्ज़ करूँ। सारा शहर खड़ा-खड़ा देख रहा था। और साहब, लड्डन नवाब ने जो झल्लाकर पौनतावा ज़न्न से मैदान में उतारा तो बस सारा शहर एक मुँह से यही कह उठा कि भाई, बाजी इस बार लड्डन नवाब के हाथ रहेगी। मगर वाह रे मेरे अब्बाजान! खुदा उन्हें जन्नत बख्शे; तीन दिन और तीन रात तक वह ऐसा नचाते रहे कि बस अब आपसे क्या अर्ज़ करूँ। देखने वालों ने अपनी-अपनी उँगलियाँ काट लीं। और फिर चौथे दिन उन्होंने नवाब लड्डन को छकाकर वो कन्ने पर लपेट मारी कि पौनतावा सर-से गायब। यानी कि आप

यकीन मानें, बड़े-बड़े सिनरसीदा बुज़ुर्गवार भी कह उठे कि भाई, ऐसे पेंच तो हमने ज़िन्दगी-भर नहीं देखे थे।"

गर्ज़े की बातें करते हम लोग ज़करिया स्ट्रीट तक पहुँचे ही थे कि एकाएक इस ज़न्नाटे से पानी आया कि बस आपसे क्या अर्ज़ करूँ। हम लोग एक दूकान के बरामदे के नीचे खड़े हो गए। अनकरीब पन्द्रह मिनट तक हम लोग वहीं खड़े रहे। आखिरकार नवाब साहब ने ऊबकर कहा, "आइए जनाब, अब हम लोग यहाँ कब तक खड़े रहें? इसी बिल्डिंग के तीन तल्ले पर मेरे एक अज़ीज़ रहते हैं। चलिए, तब तक वहीं आराम किया जाए।"

यह कहते हुए नवाब साहब आगे बढ़े, मैं भी उनके पीछे ही पीछे चला। दो-तीन सीढ़ी घूमकर एक कमरे के दरवाज़े पर खड़े हो नवाब साहब ने आवाज़ लगाई, "अमाँ बच्छन हैं?"

अन्दर से एक लड़के ने जवाब दिया, "जी, आ रहा हूँ अब्बाजान।"

निहायत गुस्से में नाक-भौं सिकोड़कर नवाब साहब ने अपनी छड़ी दरवाज़े पर ठोंककर कहा, "लाहौलबिलाकूवत्? अबे चुप।"

बच्छन ने दरवाज़ा खोलते हुए नवाब साहब से कहा, "ऐ अब्बा, आज ज़री चुपके से रहिएगा, अम्मीजान आज बड़ी खफा हो रही हैं।"

मैं नवाब साहब के पीछे खड़ा हुआ था, इसलिए पहली झलक में बच्छन शायद मुझे देख न पाया। नवाब बच्छन साहब छः पैवन्दों से जुड़ा हुआ मैला पाजामा पहने हुए, नंगे बदन, गले और बाँहों में आठ-दस गण्डे-तावीज़ बाँधे खड़े थे।

नवाब साहब ने झल्लाकर फरमाया, "अब चुप, अम्मीज़ान का बच्चा कहीं का! मैं क्या कोई तेरा सचमुच का बाप हूँ?"

एकाएक घर से एक तेज आवाज़ सुनाई पड़ी, "ऐ, मैं कहे देती हूँ...जो तुम मुझे इस तरह से कोसोगे तो अच्छा न होगा। ऐ-हाँ, ये तुम्हारे लड़के नहीं हैं तो कहीं गैब से आए हैं?"

नवाब साहब खड़े-खड़े गुस्से से काँप रहे थे, कि अन्दर से रोते हुए बेगम ने फरमाया, "उई मेरे अल्लाह, तुमने मुझे कैसी आफत में फँसा दिया। तीन-तीन दिन से फाके करो और ऊपर से ये गालियाँ सुनो..."

नवाब साहब गुस्से में खड़े तिलमिला रहे थे, कि मैंने उनकी पीठ पर निहायत मुलायमियत के साथ हाथ रख अर्ज़ किया, अच्छा, अब इजाज़त दें। मुझे ज़रा एक काम है। फिर कभी..."

नवाब साहब ने झेंपते हुए मेरा हाथ पकड़कर निहायत खिसियाई हुई आवाज़ में कहा, ''जाइएगा! अच्छा...देखिए कुछ ख्याल न कीजिएगा हज़रत।''

सीढ़ी तक मुझे पहुँचाने आकर नवाब साहब ने धीरे से कहा, ''क्या बताऊँ हजरत, गरीब समझकर मैंने इसे पनाह दी, अपनी बीवी की तरह रखता हूँ, मगर।''

बात काटकर, हाथ छुड़ाते हुए मैंने अर्ज़ किया, ''मैं सब समझता हूँ; लेकिन आप मेरी तरफ से इतमीनान रखें।''

कहते हुए मैं नीचे उतर आया।

डाक्टरी साइनबोर्ड

चौड़ी-चौड़ी सड़कों और बड़ी-बड़ी दूकानों वाले हाट-बाट की चमक-दमक पर तो सभी रीझते हैं, पर गली-दर-गलियों की भूलभुलैया में आबाद तिरमुहानी बाज़ार की शोभा को निरखनेवाले कुछ भाग्यवान ही होते हैं। जो तिरमुहानी न गए 'गजिंग' ही करते रहे, उन्हें पाँच-छः हज़ार बरस की अटूट परम्परा वाले भारतीय बाज़ार का कोई अन्दाज ही नहीं लग सकता। कतार में बैठे सुनारों की दूकानों से उठने वाली हथौड़ियों की सौ-सौ चोटों की ठक-ठक अपनी सामूहिक गूँज में सामने वाले लुहार के घन की चोटों से टक्कर ले रही है। कहीं तरकारी वालों की दूकानों पर ग्राहकों और दूकानदारों के बीच चलती झाँव-झाँव उस पतली-सी गली में लाखों के मजमे की कौआरोर का मज़ा दे रही है। कहीं कूड़ा, कहीं कीचड़! प्यादों की आवाजाही में आवारा गायों की शतरंजी फीले के समान सीधी और साइकिल वालों की ढाई घरी चाल बराबर किसी न किसी को शह देती चली जाती है। कहीं आटे की चक्की से लगा-बँधा हुल्लड़ है, तो कहीं पंसारी की दूकान का शोर। तीन लम्बी-लम्बी गलियों तक व्याप्त इस बाजार में प्रायः सभी कामचलाऊ वस्तुएँ मिल जाती हैं। बिसातखाने, बज़ाज़े, कोर्स पुस्तक-विक्रेता, हलवाई, पनवाड़ी, सिन्धी-रेस्टरां—यहाँ क्या नहीं है?

पहली गली में सेठ भजगोविन्ददास साहूकार हैं, जिनकी सतखण्डी हवेली में जगह-जगह बड़े बेपुराने ताले पड़े हैं। उनके एक अदद पुराना नौकर है, जो देखने से मालूम पड़ता है मानो मिस्र के पिरामिडों की खुदाई से कोई ज़िन्दा निकल आने वाली ममी हो। एक अदद मुनीमजी हैं। तीसरे स्वयं सेठ भजगोविन्ददास तो हैं ही, जो एक अदद होने पर भी सारे शहर से भारी बैठते हैं। उनका इकलौता लड़का और बहू अंग्रेजी ढंग से शहर के उस भाग में रहते हैं; जहाँ बंगले व कोठियाँ हैं; मगर विधुर सेठजी यहीं अपनी सूनी हवेली में रहकर एक वक्त आलू और

दूसरे वक्त आलू के छिलके खाते हैं। किसी के दरवाज़े पर ज़रा-सी चोकर या साग-सब्जी के छिलके पड़े हों तो सेठजी उन्हें उठा और इकट्ठा करके ले जाएँगे। कहते हैं, भगवान को भोग लगाने के बाद सब शुद्ध हो जाता है। परसाल कतकी के मेले पर उनका लड़का उन्हें मोटर पर बिठलाकर बिठूर की गंगाजी ले गया था। लड़के द्वारा इतना पेट्रोल फूँके जाने के गम में सेठजी को बुखार चढ़ आया, खाँसी हो गई। जब रोग बिना दवा-दारू के न माना, तो तिरमुहानी बाज़ार की दूसरी अप्रतिम विभूति डाक्टर मक्खनलाल शर्मा, उर्फ डाक्टर फर्नीचर-पलट की दवा खाई। उससे ठीक हो गए, मगर चार दिन की दवा के दाम—एक अठन्नी सेठजी डाक्टर साहब को अब तक अदा नहीं कर पाए हैं।

दूसरी और तीसरी गली के मुहाने पर डाक्टर मक्खनलाल शर्मा एच. एम. डी. (कलकत्ता), बी. एम. डी. (कोयम्बत्तूर), एच. एम. बी. (कैलीफोर्निया)—'बच्चों और बूढ़ों के विशेष चिकित्सक'—रहते हैं जिन्हें पब्लिक ने डाक्टर फर्नीचर-पलट के नाम से मशहूर कर रखा है। बेचारे एक किस्से में छापे की प्रसिद्धि भी सिद्ध कर चुके हैं। पुराने साइन-बोर्ड की पपड़ियाँ उखड़ जाने के कारण इनकी डिग्रियाँ पहले ही गायब हो चुकी थीं। बाद में इनका कम्पाउण्डर रामू इनकी बची-खुची अच्छी दवाएँ और स्टेथेस्कोप लेकर गायब हो गया। इतने बरसों से उसी को झींकते हैं। पिछले साल से सेठ भजगोविन्द की टेट में अटकी अपनी अठन्नी को भी रोते हैं। इसके अतिरिक्त अपनी पढ़ी-लिखी पत्नी की क्रूरता को खासतौर पर रोया करते हैं, जो अपने तीनों बच्चों को लेकर गाजियाबाद के एक कालेज में प्रिंसिपल होकर चली गई। कई वर्ष हो गए, न वह आई और न पत्रों के उत्तर दिए, और न बच्चों को ही कभी भेजा। डाक्टर फर्नीचर-पलट ही स्वयं दो बार मिल आए हैं; परन्तु प्रिंसिपल साहबा डाक्टर साहब का तख्ता पलट देती हैं। दोनों बार बच्चों के साथ दोपहर में भोजन करा दिया, चार बजे बाप-बेटे-बेटियों को चाय पिला दी और रात को ताँगा और रेल टिकट मँगाकर चपरासी के द्वारा डाक्टर साहब का बिस्तर गोल करा दिया। डाक्टर साहब के पास हर आमोखास के आगे रोने के लिए ये तीन विशेष घटनाएँ तो हैं ही, और साथ ही अनेक शिकायतें भी हैं, जो समय और परिस्थिति के अनुसार उठती-बैठती रहती हैं। घर, दूकानें बाप-दादों की हैं; जिसमें नुक्कड़ वाली में आपका मतलब है और अगल-बगल दो गलियों में पड़ने वाली दूकानों में पुराने किरायेदार हैं, जो कम्बख्त खाली ही नहीं करते कि उन्हें फिर से ऊँचे किराये पर उठा सकें। घर में ऊपर-नीचे दो सिंधी परिवार बसा रखे हैं और आप भी रहते हैं, सो उसमें भी किरायेदारों

की आपसी और मकान-मालिक के साथ होने वाली तकरारें, नल और सण्डास की झाँव-झाँव, इश्कबाजी की घातें, धोखा-धड़ी आदि की शिकायतें हैं। इनकी एक किरायेदारिन ने इन्हें दूर ही से ललचा-ललचाकर इनसे अपना किराया आधा करवा लिया और अब रुख भी नहीं मिलाती। ऊपर से पास-पड़ोस की औरतों में इन्हें बदमाश कहकर बदनाम करती है। डाक्टर यह दुःख भी जब-जब प्रकट तो करते ही रहते हैं; पर किरायेदार न रखें तो करें क्या? पेट-पालन का यही एकमात्र साधन है और उसमें भी हाउस टैक्स,वाटर टैक्स, पावर टैक्स आदि पचासों अलसेटें हैं। इधर एक नई शिकायत यह उपजी कि साइनबोर्ड से एक पपड़ी और उखड़ गई है, जिससे सीधे उनके सुनाम पर प्रहार हुआ है, मक्खनलाल का 'ल' अक्षर ही गायब हो गया है।

तिरमुहानी बाजार की तीसरी महान विभूति जनाब वालिद दुनियावादी हैं, माँ-बाप छुटपन में ही मर गए। चाचा-चाची ने पाला। इनकी एक छोटी बहन भी है। उसके विवाह के खर्च का बहाना लेकर चाचा ने वालिद के माता-पिता द्वारा छोड़ी गई सम्पत्ति हड़प कर ली। कहा-सुनी होने पर चाचा ने वालिद को निकाल दिया। वालिद तब इण्टर में पढ़ते थे। अपना बिस्तर, बक्स और किताबें लेकर इसी मुहल्ले की एक बूढ़ी महराजिन के यहाँ चार रुपए भाड़े पर एक कमरे में रहने लगे। पचास रुपए की दो ट्यूशनें इनके पास थीं, उसी से गाड़ी खींचते थे। डिस्टिंक्शन से इण्टर पास किया, एम. ए. तक शानदार पास हुए, दो बार आई. ए. एस. में बैठ चुके थे। अब की अन्तिम बार भी परीक्षा और इण्टरव्यू दे आए हैं, रिजल्ट की प्रतीक्षा है। आदमी बहुत तेज हैं। कहते हैं, या तो ऊँची नौकरी ही करूँगा, नहीं तो ट्यूशनें करूँगा और डाक्टर फर्नीचर-पलट के मतब में 'अखिल भारतीय बेकार महासम्मेलन' का दफ्तर चलाऊँगा। प्रसिद्ध गज़लों से उनके शायरों के उपनाम हटा और अपना उपनाम जोड़कर बातों को चस्पाँ करने के कारण ही ये 'वालिद' के नाम से 'जगत्-प्रसिद्ध' हो गए हैं। बड़े-बड़े करतब दिखलाते हैं। लड़कों में वालिद बेहद 'पापुलर' हैं, जिसके परिणामस्वरूप बड़े-बड़े भी इनका असली नाम मनमोहन भूलकर इन्हें वालिद ही कह जाते हैं।

इतवार का दिन था। ट्यूशनों से फुरसत थी सो वालिद देर से उठे। स्टोव सुलगाकर चाय का पानी गरम कर रहे थे, कि शम्भू और किशोरी आ धमके। बोले, "अरे तुम क्या कर रहे हो यार? वहाँ बेचारे फर्नीचर-पलट के मतब में रोना-पीटना मचा हुआ है। डाक्टर मेज़ पर सिर टेककर रो रहे हैं।"

पूछने पर मालूम हुआ कि किसी ने कल रात डाक्टर के साइनबोर्ड से 'डाक्टर'

शब्द और 'शर्मा' से 'बड़े आ' की मात्रा चाकू से खुरचकर मिटा दी तथा 'लाल' वाले 'ल' के रिक्त स्थान पर खड़िया से 'बे' लिखकर 'शर्म' के साथ जोड़ दिया है। डाक्टर ने मतब खोलने के बाद जब से साइनबोर्ड देखा है, तब से चीत्कार कर रहे हैं। वालिद सुनकर पहले तो हँसे, फिर करुण होकर बोले, ''यार, ये ज्यादती हो गई। मेरी जान में यह कार्यवाही शुक्ला की हैं।''

''वही है, वही है वालिद। आज सबेरे ही कानपुर गया है।''

''यार, अब तो इसका एक साइनबोर्ड बनवाना ही पड़ेगा।'' वालिद ने निश्चय किया। मित्रों के साथ चाय पी और निश्चिन्त होकर डाक्टर के मतब की ओर चले।

डाक्टर के मतब में मन्नो और लखन पहले ही से डटे हुए थे। डाक्टर घनघोर चिंतालीन मुद्रा में बायें हाथ की कोहनी मेज पर टिकाए, उसकी मुट्ठी पर अपना चेहरा टिकाए हुए बैठे थे। साइनबोर्ड बाहर की दीवाल से हटाया जा चुका था। वालिद दूर से ही देखकर बोले, ''डाक्टर मातम-पुर्सी कराने के मूड में बैठा है; लेकिन करना मत।''

इन तीनों के मतब में पहुँचते ही डाक्टर ने इस तरह देखा, मानो इनके शोकोद्गार प्रकट करते ही वह रो पड़ने के लिए बेताब बैठे हैं, मगर वालिद ने उस ओर ध्यान ही न दिया और किशोरी की तरफ देखकर यों बात छेड़ी, मानो बातों के किसी लम्बे सिलसिले की ताज़ी कड़ी जोड़ रहे हों। कहने लगे, ''साहब दुनिया-भर की हसीन परियों में तीसरा नम्बर पाया है उसने। अरे बड़े गजब की सुन्दरी है किशोरी। मैं तुमसे क्या तारीफ करूँ!''

मन्नो ने उत्सुक होकर पूछा, ''किसकी बात कह रहे हो वालिद, ज़रा हम भी तो सुनें?''

शम्भू बोला, ''अच्छा तो ये बताओ कि उससे तुम्हारी शादी कब होगी?''

''शादी!'' वालिद बोले, ''वह परीजमाल और शादी? अरे उस ज़ालिम के लाखों आशिक हैं, लाखों। शे'र अर्ज़ है :

एक सिसकता है एक मरता है,
हर तरफ जुल्म हो रहा है यहाँ।

''हम बताएँ वालिद?'' मन्नो ने कहा।

''बताओ बेटा।''

''इस लक्खी माशूक के अत्याचारों के विरुद्ध आशिकों का एक विराट जलूस निकलवा दो।''

"अरे मैं तो निकलवा देता डियर, पर सुना जाता है, शहरे-इश्क के गिर्द, मजारें ही मजारें हो गई हैं।" वालिद दुःखी स्वर बनाकर बोले।

किशोरी बोला, "वालिद, इससे तो यही समझ में आता है कि वह सबको संखिया दे देती है।"

डाक्टर अब तो बुरी तरह से चिढ़ उठे थे, खीझकर बोले, "कहाँ मिलती है संखिया? मुझे भी दिलवा दो?"

"उसकी संखिया आपसे खाई न जाएगी चाचा, उसे देखते ही इन्सान बस मर जाना चाहता है।" वालिद ने बीड़ी सुलगाई।

"मैं भी मरना चाहता हूँ।" डाक्टर तड़पकर बोले।

"आप तो पहले ही से अपनी किरायेदारिन पर मर चुके हैं।"

"उसका नाम न लो वालिद। उस हरामजादी ने मुझे जीवन का सबसे बड़ा आघात पहुँचाया है।" डाक्टर तड़पकर बोले।

मन्नो बोला, "लेकिन अभी तो आप कह रहे थे डाकसाब, कि जीवन का सबसे बड़ा आघात आपको अपने साइनबोर्ड की दुर्दशा..."

डाक्टर और तपे, बोले, "इसे तुम आघात कहते हो मन्नो! अरे ये साक्षात् मृत्यु है, मृत्यु!"

साइनबोर्ड का प्रसंग छिड़ा। आखिर मातमपुर्सी का क्षण आ ही पहुँचा। वालिद बोले, "आपकी डाक्टरी खुरच ले गया दुष्ट! हाय, हाय!"

"अजी डाक्टरी ले जाता तो खैर कोई बात न थी, वह तो इनका नाम बिगाड़ गया। मक्खनलाल शर्मा की जगह हो गया, 'मक्खन ला बेशर्म!' डाकसाब ने साइनबोर्ड उतारकर आलमारी के पीछे डाल दिया है, दिखलाऊँ?"

मन्नो की बात काटकर किशोरी बोला, "भाई अपनी समझ में तो ये एक चुनौती है, अगर इनकी डाक्टरी और शर्मापन गायब हो जाने के बाद भी साइनबोर्ड बाहर टँगा रह जाता, तो आज से ये भी सूमड़े सेठ की तरह बेशर्म कहलाते; लेकिन डाकसाब ने—मैं तो कहूँगा—वीरतापूर्वक वह चुनौती स्वीकार की है। हयादार थे इसीलिए साइनबोर्ड उतार कर अन्दर रख लिया और यह साबित कर दिया, कि मुहल्ले में अकेला बेशर्म सेठ भजगोविन्दा ही है, जो इनकी अठन्नी मारे बैठा है।"

वालिद बोले, "हाँ भई, उस अठन्नी का क्या हुआ? शम्भू, न हो तो तुम जाकर सेठजी से तकाज़ा करो डाक्टर की ओर से। अरे डाक्टरी गायब हुई तो

अठन्नी ही मिल जाए।" मित्रों के उकसाने पर शम्भू तकाज़ा करने गए। थोड़ी देर में लौटकर शम्भू ने खबर दी, "सेठजी कहते हैं कि काहे की अठन्नी? अठन्नी क्या फोकट में आती है? अरे अच्छा तो मैं यों ही हो जाता, डाक्टर ने दवा क्यों दी?"

डाक्टर नौ-नौ बाँस उछलने लगे, "साला मेरी अठन्नी हजम नहीं कर पाएगा, कहे देता हूँ। ये ब्राह्मण की अठन्नी है। मैं कल सवेरे से ही साले के दरवाजे पर खड़ा होकर उल्टी गायत्री जपूँगा। चालीस दिन में भस्म न हो जाए तो कहना।"

अठन्नी के पीछे डाक्टर फर्नीचर-पलट की तड़प देखकर भी वालिद खामोश बैठे अखबार ही पढ़ते रहे। वालिद को उकसाने की आशा ही से तो डाक्टर यह बकवास कर रहे थे, जब वे न बोले तो डाक्टर ने अपना सब्रो-करार छोड़कर कहा, "वालिद! अजी सुनते हो"

"हाँ बेटा...अ...अ...जी डाकसाब?" वालिद ने सिर उठाकर कहा, "तुम्हारे रहते ये...मेरा सत्यनाश कर गया..."

"एक अठन्नी में ही सत्यानाश हो गया चाचा?" वालिद ने पूछा।

डाक्टर गर्माए, "बात एक अठन्नी की नहीं है जी, तुम समझते क्यों नहीं हो! इसने मेरी आती लक्ष्मी में भाँजी मार दी। पिछले डेढ़ सालों में, जब से क्या नाम है कि मेरा कम्पाउंडर रमुआ साला मेरा स्टेथेस्कोप और दवाएँ चुरा ले गया, तब से यह पहली अठन्नी का बिल बना था, सो भी ये डकारे जाता है। बात अठन्नी की नहीं है बेटा, बात तो यह है कि मेरे घर आती हुई लक्ष्मी इसने अपनी टेंट में बाँध रक्खी है। जब तक वो नहीं आती, तब तक नया मरीज़ भी मेरे पास नहीं आएगा।"

"डाकसाब, बस यही हम नहीं मान सकते। यह 'सुपरस्टिशन' है, 'साइंटिफिकली' गलत है'।" वालिद बोलकर फिर बीड़ी सुलगाने लगे। बत्ती डाक्टर साहब के हिये में भी सुलग उठी, बोले, "तुम आजकल के पढ़े-लिखे साइंस को क्या समझो जी! हमारी इंडियन साइंस को जर्मनी वाले समझते थे। सब पोथियाँ लेकर चले गए। उसी से सीख-सीख के ये आज राकेट उड़ा रहे हैं।"

"मगर आपके ज़माने में साइंस अवश्य अच्छी पढ़ाई जाती होगी," एक ने चहकाया। डाक्टर चहके, "मेरे जमाने में जो साइंस एर्थ क्लास में पढ़ाई जाती थी, वह अब एम. एम-सी. में नहीं पढ़ाई जाती, जनाब। मैं जब कलकत्ता के होम्योपैथिक कालेज में पढ़ने गया, तो जो साल-भर का कोर्स था, वह मैंने तीन महीनें में हिब्ज़ कर लिया, और प्रोफेसर से कहा कि नया कोर्स पढ़ाइए। वह दंग रह गया। प्रिंसिपल ने मेरा इम्तहान लिया, वह भी दंग रह गए। बोले, 'अरे

भाई, क्या तुम बी. एम-सी. या एम. एम-सी. पास करके हमारे यहाँ होम्योपैथी पढ़ने आए हो?"

"मैंने हँस के कहा कि मैं तो खाली एर्थ पास हूँ। फलाँ-फलाँ स्कूल में पढ़ता था, मास्टर भोलानाथ पढ़ाते थे। प्रिंसिपल साहब बोले, "अगर वो पढ़ाते थे तब तो आपकी काबलियत एम. एम-सी. से ज़रूर ज़्यादा है।"

"वही तो मैं भी कह रहा हूँ डाकसाब, अबकी आप साइनबोर्ड बनवाएँ तो उसमें अपनी डिग्रियों में ओ. पी-एच. डी. भी जुड़वा दें।"

वालिद से नई डिग्री का नाम सुनकर मक्खन की आँखों में वही चमक आई, जो रंगीन छैलों को नया हसीन चेहरा देखकर नसीब होती है। बोले, "ये क्या डिग्री हुई बेटा?"

"इसके माने हुए ओल्ड पी-एच. डी. क्योंकि नए पी-एच. डी. भी आपका मुकाबला नहीं कर सकते।"

वालिद की व्याख्या पर सन्तुष्ट होकर भी एक दुःख की गहरी निःश्वास छोड़कर डाक्टर बोले, "साइनबोर्ड का ही तो रोना है भईया, मेरी लक्ष्मी ही तो बाँध रक्खी है, उस मक्खीचूस ने भला। बतलाइए, मेरे मतब में दवाएँ नहीं, स्टेथेस्कोप नहीं, फिर डाक्टरी क्या करूँ?" और ये नालायक सुनारों और लोहारों की दूकानें भी ऐसा डिस्टर्ब करती हैं कि क्या कहूँ। उनको लाख बार समझा चुका कि भइया, मेरी होम्योपैथी की डाक्टरी है, इसमें मरीज का केस समझना पड़ता है। एलोपैथी नहीं है कि नब्ज पकड़ी और नुस्खा लिख दिया। मगर हमारे देश वाले ऐसे जाहिल हैं, कि साइंस को समझते ही नहीं।" कहकर डा. मक्खन दुःखी हो गए।

वालिद के नेतृत्व में दरबारी लौंडों ने डाक्टर फर्नीचर-पलट को अपनी बातों की छेड़छाड़ से खूब-खूब तपाया और जब उनकी आँखों में आँसू उमड़ आए, वालिद बोले, "अठन्नी के पीछे आप अपने ये कीमती मोती बहा रहे हैं। चाचा, घबराते क्यों हैं, आज शाम को जब वह दर्शन करने जाएगा, तब अठन्नी क्या, पूरा रुपया तुमको दिलवा दूँगा।"

डाक्टर की आँखों में एक बार तो चमक आई, फिर बुझ गई और बोले, "अरे बेटा, ये बड़े-बड़ों को चकमा दे चुका है। तुम्हें मालूम नहीं, एक बार रहीमा डाकू ने इसके घर चिट्ठी भेजी कि हम डाका डालने आ रहे हैं बड़े गाजे-बाजे से आया; मगर ये ऐसे कैंडे से चला कि वे कानी कौड़ी तक न पा सके।"

"तब तो चाचा, अगर इसको सर न किया तो कुछ न किया। खैर, आपकी अठन्नी तो आज शाम को आ ही जाएगी, मगर उसके साथ ब्याज भी वसूल होके ही रहेगा।"

सेठ भजगोविन्द सुबह-शाम लक्ष्मीनारायणजी के दर्शन किए बिना भोजन नहीं करते। इसके लिए उन्हें दो वक्त गली से गुजरना भी पड़ता है। सवेरे दर्शन करते हुए निकलते हैं, तो लौटते वक्त तरकारी खरीदते हैं और शाम को लौटते हुए एक आने के सादे पान लेते हैं। उनकी बाईं टेंट में खोटी रेजगारी बँधी होती है और दाहिनी में खरी। कोशिश यही करते हैं कि नकद पैसा न देना पड़े, और यदि देना ही पड़ जाए तो खोटा सिक्का चले।

वालिद ने उस शाम को थोड़ा-सा प्रबन्ध किया। सेठजी जूते घिस जाने के फेर में नंगे पैर तो निकलते ही हैं, सो उनको आते देखकर उनके रास्ते में आगे-आगे केले के छिलके बिछाते चले। वालिद ने बड़े सब्र से काम लिया था। सेठ एक से बचे दूसरे को छलाँग गए, तीसरा पैरों के नीचे आते-आते रह गया, पर पाँचवें या छठे पर तो धोंप से गिर ही पड़े। बाजार में लेना-बचाना और हँसी के कहकहों की धूम मच गई। मगर वालिद ने जो सोचा था वह न हुआ। फेंटे से कसी उनकी टेंट ढीली न पड़ी। इस पर वालिद ने, जो उनको बचाने के बहाने उनकी कमर को सहारा दे रहे थे, गड़ाप से उनकी टेंट में हाथ डाल ही तो दिया, रेज़गारी बिखर गईं खनाका सुनते ही उठते-उठते सेठजी हाय मारकर धम् से बैठ गए। वालिद पैसे बटोरने लगे। डॉ. मक्खन ने ललकारा, "इससे बेटा, मेरी अठन्नी ले लेना।"

सेठ भजगोविन्द तड़पे, "हाय, तुम कैसे नीच हो गए डाक्टर! हाय, मेरी तो कूल्हे की हड्डी टूट गई और तुम्हें अपनी अठन्नी की पड़ी हैगी। लाओ, लाओ, मेरे पैसे झट से दो।"

इस पर वालिद ने चट से शे'र पढ़ा :

ये दुनिया सराए फानी देखी,
याँ की हर चीज़ आनी-जानी देखी।
जो आके न जाय वो 'वालिद' देखा,
जो जाके न आय वो अठन्नी देखी।

वालिद रेज़गारी लेकर चलते बने। उनके हाथ करीब पौने दो रुपए की खरी रेज़गारी लग गई थी। गली-बाज़ार वाले और राह चलते लोग सेठजी का

मज़ाक उड़ाने लगे। अपने घने सूमड़ेपन के कारण भजगोविन्द सेठ साधारण से साधारण व्यक्ति के भी मज़ाक के पात्र बन गए हैं।

सोमवार की दोपहर में वालिद की किस्मत का सितारा अपनी बुलन्दी पर पहुँच गया। सैक्रेटेरियट के एक प्रभावशाली महापुरुष ने जोकि वालिद के प्रति कृपाभाव रखते थे, अपना चपरासी भेजकर उन्हें बुलवाया और उनके आई. ए. एस. हो जाने की खुशखबरी सुनाई। डाक्टरी जाँच और पुलिस की रिपोर्ट आदि सरकारी खानापूरियाँ होते ही वालिद को यहाँ से जाना होगा। आनन-फानन ही मुहल्ले में खबर ही लहर दौड़ गई। मित्रों ने कहा, कि एक बिदाई पार्टी होनी ही चाहिए। वालिद बोले, ''यार, मेरी पार्टी में पैसे खर्च करने के बजाय डाक्टर का नया साइनबोर्ड बनवा दो।''

शम्भू बोला, ''साइनबोर्ड के लिए मिठाई का त्याग हम नहीं कर सकते। तुम्हें अगर ऐसी ही दया आती है, तो कोई जुगत भिड़ाओ। बहरहाल आज शाम को डाक्टर फर्नीचर-पलट के मतब में तुम्हारा बिदाई-समारोह होगा। बिरजू माली से इकन्नी का हार लेते हुए आना, वही तुम्हें पहनाया जाएगा।''

''यह स्वीकार है, मगर पार्टी आज नहीं होगी। मैं ज़रा डाक्टर को खुश करने का प्रबन्ध कर लूँ।''

वालिद का भेजा दौड़ने लगा और दौड़ते-दौड़ते डाक्टर फर्नीचर-पलट की चालबाज़ प्रेमिका किरायेदारिन के पास पहुँच गया। डाक्टर से, किराया घटाकर, वह अब रुख भी नहीं मिलाती और अपने पति तथा मुहल्ले की स्त्रियों के सामने डाक्टर को लफंगा कहती है। किरायेदारिन का पति यों तो चाय की दूकान खोले हैं, परन्तु छिपे तौर पर अवैध अफ़ीम बेचनेवालों के गिरोह में भी शामिल है। वालिद ने, दिन में सब ब्योंत बैठाकर मन्नो को डाक्टर की किरायेदारिन के पास भेजा और कहलाया कि तुम्हारे पति को पुलिस गिरफ्तार कर ले गई है। उन्होंने दो सौ पचास रुपए मँगाए हैं। किरायेदारिन ने घबराकर दे दिए। रुपए मिलते ही वालिद डाक्टर के यहाँ पहुँचे, कहा, ''जो-जो दवाएँ लेनी हों, ले लीजिए।'' स्टेथेस्कोप दिलाया और नया साइनबोर्ड बनाने का आर्डर भी दे आए। डाक्टर बोले, ''बेटा, जैसा तुम मेरे साथ कर रहे हो, वैसा ईश्वर भी तुम्हारा भला करे। तुमने मेरे लिए बहुत खरच कर दिया।''

वालिद बोले, ''चाचा, मेरा इसमें कुछ नहीं, जो कुछ है सब तोर। ज़रा रसीदी टिकट लगाकर वेंसीमल चायवाले के नाम दस महीने के बाकी किराये की रसीद चुकता काट दीजिए। अपनी किरायेदारिन को हमारी चाची बनाने के चकमे में

आकर आपने पिछले दस महीनों में किराये की जो रकम काट दी थी, वो मैंने अपटूडेट वसूल कर ली है। रसीद में लिख दीजिएगा, कि पचास रुपए महीने की दर से बाकी किराया वसूल पाया और आइन्दा उससे आँख न लड़ाएगा।''

डाक्टर कृतज्ञता से और ऊभचूभ हो गए। उनके मतब में वालिद की शानदार बिदाई-पार्टी हुई। अफसोस केवल इसी बात का रहा कि तब तक नया साइनबोर्ड बनकर नहीं आया था। वालिद के नगर से बिदा होने के बाद ही आया। डाक्टर के साइनबोर्ड में एच. एम. डी. (कलकत्ता) बी. एम. डी. (कोयम्बत्तूर), और एच. एम. बी. (कैलिफोर्निया) के अतिरिक्त डी. बी. पी. और डी. एम. ए. की नई डिग्रियाँ भी मौजदू थीं। डाक्टर पहले तो इन दो नई डिग्रियों के जुड़ने से प्रसन्न हुए, पर बाद में डी. बी. पी. के अर्थ 'डाक्टर बमपुलिस' और डी. एम. ए. के अर्थ 'डाक्टर आफ मुहल्ला अनाथालय' मुहल्ले वालों से सुनकर वे अब वालिद को आशीर्वाद के साथ-साथ गालियाँ भी दिया करते हैं।

चकल्लस

हमारे यहाँ चचा तीन तरह के माने जाते हैं, एक 'चचा बुज़ुर्गवार' होते हैं, दूसरे 'चचायार' और तीसरी किस्म के 'चचा बर्खुरदार कहलाते हैं। इनमें मॉडल नम्बर दो के एक हमारे भी चचा थे। आज तीस-पैंतीस बरस पहले तक के. जमाने में हमारे लखनऊ शहर में तीन की पूछ सबसे बड़ी होती थी—जोगिए पीले साईं-शाहों की, बाँकों की और शायरों की। मैंने 'कत्ताले-आलम जाने-जहाँ' क्लास को जानबूझकर इन वी. आई. वी. यों की लिस्ट में शामिल नहीं किया। उनका तो रुतबा ही आला निराला था। हम शरीफों की माँ-दादियों की कसक और जलन की गवाही में, अब तक उनकी बनाई पुरानी कहावतों और ढोलक के गीत मौजूद हैं; सर्द आहें भर-भरके कहा करती थीं, "हाँ जी, हम क्या और हमारी हस्ती ही क्या? घर की मुर्गी दाल बराबर और वह चकमक दीदा खाय मलीदा।" खुशी के मौकों पर गाए जाने वाले गीतों में "नटनी घर जाना छोड़ो सनम या बागन काहे को जाओ पिया, घर बैठे ही बाग लगाय दिखाऊं। एड़ी अनार-सी मौर रही बहियाँ दोऊ चम्पे-सी डार नवाऊँ।" जैसे गीत कवित्त गाकर अपने लिए पिया बलमू की अदालत में इलेक्शन-पिटीशन लड़ा करती थी। तवायफों की बात ही कुछ और थी यानी कि यों समझें कि राजनीतिक तौर पर नवाबी को गए और अंग्रेजी आए तब तक चौहत्तर पिछहत्तर बरस बीत चुके थे मगर लखनऊ में उस वक्त भी बेसवा वज़ीर थी और बटेर बादशाह। खैर, ये तो बात में एक बात यों ही निकल आई, वरना इनके जिक्रे नापाक का भला हम जैसे सफेदपोश शरीफों से क्या सरोकार—हम तो अपने चचायार की बात कर रहे थे; कि उनका जवाब नहीं था। वैसे वो कोई हमारे सगे चचा नहीं थे; कश्मीरी पण्डित थे। उनके सबसे बड़े भाई और हमारे पिता में ऐसी घनी-घना थी कि एक पान के दो टुकड़े करके खाते थे। एक जान दो कालिब थे। और चचायार जो थे वो हमारे क्लासफेलो

हुए। उनमें लखनऊ के वी. आई. पी. यों के तीनों गुन मौजूद थे। वे साईं कलन्दरी, बाँकपन और शायरी के काकटेल थे—नम्बरी चकल्लसी। शायर वो ऐसे थे कि जैसे मिस्त्री का काम जानने वाला साइकल-चोर होता है। औरों के कहे हुए अशआरों की चूलें भिड़ाकर चचायार अपनी शे'र की खाट बनाते थे। उनका एक शे'र अर्ज़ है, मुलाहिज़ा हो :

चकल्लसों की कमी नहीं 'चच्चा'
'डैश' अब बेहिसाब मिलते हैं।

(चचायार ने एक आम फहम प्रारितेरियत शब्द का प्रयोग किया था, हमने उसकी जगह डैश लगा दिया।)

खैर, चकल्लस की इस फिलासफी के समर्थक न तो हम पहले थे और न आज हैं मगर चकल्लस की किस्मों को हमारे चचायार ने पाँच प्रकार की माना था—(1) भाँत-भाँत की चकल्लस, (2) बैठे-बिठाए की चकल्लस, (3) मुफ्त की चकल्लस मोल लेना या बेकार की चकल्लस में पड़ना। (4) खुदाई चकल्लस—और नम्बर पाँच की चकल्लस का नाम है, वही (डैश)—चकल्लस।'

हमारे चचायार को बैठे-बिठलाए की चकल्लस सूझती थी, कहना चाहिए उन्हें उसकी चुल उठती थी। इस चकल्लस शब्द में जिन-जिन अर्थों की गूँज उठती है उन सभी में माहिर थे—यानी झगड़ा-फसाद कराने में पूरे नारद मुनि, किसी भी तरह की झंझटें मोल लेने में या किसी तरह की झंझट खड़ी करने में हरदम 'आ बैल मुझे मार वाली अदा में' तैयार रहने वाले और चुहल-चकल्लस में तो उनका पूछना ही क्या, वालिद जहानाबादी ही ठहरे।

एक बार मित्र की बरात में गए थे। वापसी में हम लोगों ने सामान, बुज़ुर्ग पार्टी और बकौल चचा शादी में पाया हुआ, 'चुंगी का माल' यानी नई दुल्हन—यह सब तो एक कम्पार्टमेंट में जमा दिए और हम लोगों ने आजादी से एक दूसरे डिब्बे में आसन जमाया। रेल के साथ चलने वाले टिकट चेकर साहब चूँकि हमारे ही आदमी थे इसलिए पूरा स्वराज था। एक या दो स्टेशनों के बाद हमारे कम्पार्टमेंट में एक देहाती बरात की भीड़ धँसी। हल्ले-हड़बोंग का तो पूछना ही क्या था। पुराने जमाने में किले का फाटक टूटते ही जैसे दुश्मनों की फौजें अन्दर धँसती होंगी वैसे ही आज सेकेण्ड क्लास में मुसाफिर धँसता है और शोर हूबहू ऐसा ही होता है जैसा सट्टे की इमारत के अन्दर होता है। खैर साहब, बरात किसी तरह अन्दर आई। नौशा सलामत के तौर-तेवर देखते ही चचायार बोले, "भई ये तो खालिस 'इश्टूडेन्ट' मार्का सैंपिल है 'एस' को 'यस' और 'एम, एन' को 'यम, यन' कहता होगा।

हम लोग ताश फेंट रहे थे, देहाती नौशे में ज़रा भी दिलचस्पी न दिखलाई; लेकिन अब इसका क्या किया जाए कि खुद नौशे साहब की शामत ही उस दिन आई हुई थी। कोट, पतलून, टाई पहने, घड़ी, फाउण्टेन पेन और चश्मे से चमाचम लैस, शादी के पन्नी चढ़े मौर को बगल में टोप की तरह दबाए हुए वे अपने बरातियों के बैठने का इन्तज़ाम कर रहे थे–किसी से कहते, इधर बैठो, किसी को उधर बैठाते, किसी यात्री से कहते कि आपने टिकट लिया है मगर सीट तो रिज़र्व नहीं कराई, आखिर हमने भी टिकट पर्चेज किया है–और यही सब करते हुए वे हम लोगों के पास भी जगह झटकने के लिए आ बैठे, फरमाया, "ए मिस्टर, आप लोग ज़रा पीछे, खिसकिए, पैसेंजर्स बैठेंगे।"

हमने उस ओर कान भी न दिए। खाली हमारे चचायार ने रूमाल की नोक से अपनी नाक सुरसुराना शुरू कर दिया। नौशा जी ने दोबारा कहा, "आई एम आस्किंग यू मिस्टर।" चचायार ने सिर उठाकर नौशे हुजूर की तरफ देखा। छींक की आमद-आमद में उनके चेहरे की लकीरें उचक-बिचक रही थीं। चचा उठके नौशे के सामने पहुँचे और उसके मुँह पर तड़ातड़ डबल दुनाली दाग थी। नौशाजी तिनगकर पीछे हटे लेकिन उनके कुछ कहने से पहले ही चचा बोले, "बरखुरदार, तुम्हें देखते ही छींकें आ गईं। शगुन अच्छा नहीं हुआ, लौट जाओ। नौशा साहब अपने नाती-गोतियों के सामने भला हार मान के क्योंकर लौट सकते थे। अंग्रेज़ी में अपने 'यक्सप्रसन्स पर यक्सप्रसन्स' दिखलाने लगे। चचा सीट पर खड़े होकर चिल्लाए, "भई इस लड़के का बाप कौन है!"

नौशा हुजूर बोलते-बोलते एकाएक भौंकने लगे और इधर से उनके बाप भी पीछे की सीट से बोले, "हम हन।"

"भई, तुम्हारा लड़का अंग्रेज़ी बड़ी गलत बोलता है, इसको दस रुपै की चपरासगीरी भी न मिल सकेगी, तुमने बेकार शादी की इसकी।" चचा की बात और कहने की अदा ने लोगों को हँसा दिया, वे यात्री जो कि इस बारात के आ जाने से कष्ट पा रहे थे, नौशे की इस दुर्गत पर हँस उठे। हम लोगों ने उसकी अंग्रेज़ी की नकलें उतारीं। तब तो फिर नौशे की बौखलाहट देखते ही बनी, कदम सहमे हुए पीछे हटते जाते थे और उनकी अंग्रेज़ी और हाथ आगे बढ़ते जाते थे। और उनकी तरफ के बड़े बूढ़े उन्हें समझा बुझाकर ले गए और आई बात पार पड़ गई। हम लोग फिर ताश में रम गए। अगले स्टेशन पर नौशा साहब कब बाहर गए यह तो हममें से कोई न देख सका लेकिन एकाएक जब वे टिकट चेकर को अपने साथ लाकर हमारी ओर संकेत करके बोले, "ये लोग बगैर टिकट

हैं'' तब हमने उन्हें देखा। हमारे उड़ाए मज़ाकों को नहले पर अपने टिकट चेकर के दहले को लादने की खुशी में उनका चेहरा सन्तोष और शान से दमदमा रहा था। शायद हमारी आपसी बातचीत में उन्होंने सुन लिया होगा कि हममें से अनेक बगैर टिकट चल रहे हैं। लेकिन टिकट चेकर साहब ने जब हम लोगों को देखा तो उल्टे घूमकर उन्हीं से टिकट की फरमाइश कर बैठे। हम लोगों ने उनका फिर तो खूब ही मजाक उड़ाया। चचा ताश छोड़कर नौशे के पीछे ही पड़ गए। मगर अब उसकी बोलती बन्द हो गई थी। फिर स्टेशन आया। नौशा फिर उतरा। चचा बोले, ''अबकी साला पुलिस बुलाने गया है।'' हमारा एक साथी उतरकर उनकी टोहे लेने गया और खबर लाया कि नौशाजी नौशी के कम्पार्टमेन्ट के आगे खड़े होकर सिगरेट फूँक रहे हैं। दूसरे-तीसरे स्टेशन पर नौशा फिर गए। हर बार हमारे गोयन्दे ने खबर दी कि अपनी दुलहिनी के डब्बे से टिककर खड़े हैं। चौथे स्टेशन पर चचायार भी उनके पीछे-पीछे गए। हम उनके साथ हो लिए। चचा ने रेलवे पुलिस के एक सिपाही के हाथ में चुपके से एक अठन्नी टिकाई और कहा कि मेरे भतीजे की बरात लौट रही है और आवारा छोकरा दुल्हन की खिड़की के पास जा-जाकर गन्दी-गन्दी बातें बकता है, उसके मुँह पर सिगरेट का धुआं छोड़ता है। जिस जमाने में दुअन्नी-चवन्नी का रेट था उस जमाने में अठन्नी टिकाने वाले का काम भला सिपाही क्यों न करता! जाकर उसी कम्पार्टमेन्ट के पास खड़ा हो गया और ज्योंही गाड़ी ने सीटी दी, उसने लपककर नौशे का हाथ पकड़ लिया।

नौशेराम सिपाही के साथ उलझते ही रह गए और गाड़ी चल दी। हमने कहा, ''चचायार, तुमने उसे बुरा फँसाया। बेचारा मुफ्त की चकल्लस में फँस गया।''

चचा बोले, ''बेटा, हमारी नीयत तो नहीं थी मगर क्या करें, हम तो पहले ही कह चुके हैं कि चकल्लसों की कमी नहीं क्योंकि 'डैश' बेहिसाब मिलते हैं।''

भाँत-भाँत की चकल्लस में बम्बई के मुलुक का ध्यान करते हुए हमें सबसे पहले भाषाई चकल्लस का ध्यान आ रहा है। हम भैयालैण्ड के आदमी, पहली-पहली बार जब यहाँ आए तो शब्द 'चेष्टा' की चकल्लस में पड़ गए। एक बड़े शिष्ट, सम्भ्रान्त और नए-नए परिचित महाराष्ट्रीय फिल्म डायरेक्टर सज्जन की किसी गम्भीर बात के जवाब में हमने कहा, ''मैं वचन देता हूँ कि एक बार चेष्टा अवश्य करूँगा।'' बेचारे भलेमानुस हकबकाकर मुझे देखने लगे फिर खिसयाकर बोले, ''इसमें चेष्टा करने जैसी कोई बात तो मैंने आपकूँ बोलाच नईं'' वो मुँह फुलाए हुए-से चले गए। बाद में किसी ने कहा कि पण्डित जी तो अजब आदमी हैं। मैंने उन्हें एक सुझाव दिया तो बोले कि इसकी चेष्टा करूँगा। दूसरे सज्जन समझदार

थे, हँस पड़े, बाद में हमसे आकर कहा, "पण्डित जी, अब किसी मराठी बाले के सामने चेष्टा शब्द न कहिएगा।" हमने पूछा, "क्यों?"

वे हँसकर बोले, "आप तो हिन्दी में चेष्टा शब्द कहकर के कोशिश कर रहे थे और वे मराठी में समझे कि आप मज़ाक कर रहे हैं।"

हम चौंक उठे मगर चौंकने से भी आगे होने वाली दुर्गत रुक न सकी। अक्सर ऐसा हुआ कि हमारे हिन्दी के सीधे-सादे शब्दों में किसी गुजराती, मराठी, तमिल या बंगला-भाषी को अपनी-अपनी भाषाओं के अनुसार अश्लीलता दिखाई पड़ी। एक बार सत्तर चूहे खाके हज करने वाली एक बाई जी अपनी पवित्रता का नखरा दिखलाती हुई बोलीं, "ये भैया लोग को गन्दी-गन्दी बातें बकने में लाज-शरम मुचींल नहीं आती।" इसी तरह बंगाली-गुजराती आदि के बाज़-बाज़ सरल शब्द हिन्दी वालों के कानों को भद्दे और अश्लील लगते हैं। इसलिए अर्ज है कि 'नेशनल इटीग्रेशन' का ध्यान रखते हुए इन शब्दों की चकल्लस में इन्सान को ज़रा समझ-बूझकर ही पड़ना चाहिए। अगर देस-भेस की चाल समझ के न चले तो ईश्वर न करे, नसीबे दुश्मनाँ किसी का भी वही हाल हो सकता है जो हमारे एक पुराने मुलाकाती बंगाली डाक्टर साहब का हुआ था। उनका नाम उनके बाप ने राष्ट्रीयता के बहाव में देशबन्धु चितरंजनदास की स्मृति में रक्खा था देशबन्धुदास। बड़े होने पर देशबन्धु जी को अपने नाम के साथ जुड़ा 'दास' शब्द खटका, उसे निकाल फेंका। अपने साइनबोर्ड पर उन्होंने लिखवाया, 'डॉ. डी. बोन्धु।' मैंने उसे देखकर कहा, "डाक्टर साहब, हमारे यहाँ बन्धु कहते हैं।" डाक्टर बन्धु तन गए, बोले, "हिन्दी उच्चारोन गोलोत हॉय। हमरा बांगाली लोक बाड़ा-बाड़ा विद्वान होता है। गोलोत नहीं बोलने शकता।" हमने उनके ये तेवर देखे तो समझ गए, नादान तो हैं ही, मगरूर भी हैं। फिर भी समझाते हुए कहा, "डाक्टर साहब, ये मसला विद्वानों का नहीं आम जनता के स्वभाव का है। मैं भी अगर अपने घर से बाहर निकलकर कहीं परदेश जाऊँ तो मुझे भी वहाँ का चलन, रिवाज और बातचीत समझनी होगी।" खैर, वे न माने और पब्लिक की ज़बान पर चढ़कर वे 'बोन्धू' से भोंदू हो गए।

अब वे दोष देते हैं कि हमने लोगों को सिखाया है। उनकी माँ हमारे घर आकर खूब कोसाकाटी कर गईं। हम अजब हैरान कि अच्छा तमाशा है। ये तो भलमानसाहत में बैठे-बिठाए खामाखाँ की चकल्लस में पड़के होम करते हाथ जला लिए। लेकिन डॉ. भोंदू क़ी नादानियों से ये हमने मॉरल निकाला—क्योंकि हर बात में मॉरल निकालना उन दिनों जरूरी समझा जाता था—कि जो न माने बड़ों

की सीख, ठिकरा लेके माँगे भीख। डॉ. भोंदू की तरह ही हमारे एक तिरंगे दिल्लीपाल माननीय भी सारे भारत से अपने नाम का प्रादेशिक उच्चारण कराने पर तुल गए थे, थे क्या अब भी तुले हुए हैं मगर क्या निवेदन करूँ, जनवाणी पर ऐसी छीछालेदर हो गई है उस माननीय नाम की कि—खैर होगा जी, इन तिरंगे माननीयों की चकल्लस में कौन पड़े। बस चलते-चलाते एक साहित्यिक चकल्लस और पेश कर दूँ।

यह तो आप भी जानते ही हैं कि स्वतन्त्र भारत में बच्चे-उत्पादन के गृह कुटीर उद्योग की बढ़ोतरी से होड़ लेने वाली कोई चीज यदि है तो केवल सेमिनारों और विचारगोष्ठियों की फस्ली-बेफस्ली बेतहाशा पैदावार। खैर साहब, एक सेमिनार उर्फ विचारगोष्ठी हुई। पाँच-छह शहरों के साहित्यिक जुड़े, किसी के चुन्न-पुन्न पर चाय-नास्ते का उम्दा डौल भी बैठ गया। पहले बहस नई कहानी पर चली और उसमें नई कविता के हवाले दिए गए। पुरानी कहानियों की चीर-हरण लीला दिखलाने के बाद साहित्यिकों ने यह तय किया अब कहानी छोड़ उपन्यासों पर विचार किया जाए। विचार होने लगा साहब, लेकिन विचार करते-करते यह अड़चन आई कि जैसे नई कविता पुरानी कविता, नई कहानी पुरानी कहानी का बँटवारा हो चुका है वैसे पुराने उपन्यास और नए उपन्यास का हिन्दुस्तान-पाकिस्तान अभी नहीं बँट पाया। बेचारे विचारकों ने बहुत बार कामू, काफ्का, सार्त्र जैसे साहित्यिक विटामिनों, कार्बोहाइड्रेड स्टार्च और प्रोटीनों की ज़ोरदार नुमाइश की, तब तक धर्मयुग में नए साहित्यिक विटामिन कीकेगार्द की खोज हो नहीं पाई थी इसलिए उसका नाम रह गया—मगर इन सबसे भी जब नयेपन का मसला हल न हुआ तो एक लालबुझक्कड़ ने नई बनाम पुरानी कहानी कविता के वज़न पर मोटा उपन्यास बनाम पतला उपन्यास की बहस छेड़ दी। बस, बड़ी मुँहजोर मुँहतोड़ बहस इसी पर चल निकली कि उपन्यास मोटा भला या पतला? चारों ओर पतला-पतला की गुहार मच गई। लोग-बाग नारे लगाने लगे। पुराने उपन्यास मोटे हैं इसलिए अब असहनीय हैं। हमने जो यों साहित्यिक अक्ल का हाल पतला होते देखा तो यह तय किया कि अब इन सेमिनारों की चकल्लस में हरगिज़ न पड़ेंगे मगर अब सोचते हैं कि यह सिद्धान्त ठीक नहीं, जब तक चार जगह की चकल्लस न देखे-सुने, यार की चकल्लस न पड़े, तब तक आदमी भला क्या आदमी कहलाने के काबिल हो सकता है?

पीपल-परी की दास्तान

है दुनिया दुरंगी मकारा सराय,
कहीं खूब-खूबाँ कहीं हाय-हाय।

ऐ दिले-नेक, आशिके-दास्तान, दुई को छोड़कर यकरंग हो जा क्योंकि लिखा है कि अल्लाह एक है। वह रहीम है, करीम है, अपने बन्दों की फरियाद सुनता है। सदियों पहले आसफउद्दौला के जमाने में जब यह मुहल्ला आबाद हुआ तो लोगों ने कहा कि यहाँ खुदा का साया भी हो। फौरन धरती फोड़कर दरख्ते-पीपल उग आया। सदियों उसमें कटे कनकौवे उलझे, कौवों ने बसेरा लिया। चोरों ने उसकी शाखों-शाखों जाकर लोगों के घरों की जमा-पूँजी उड़ाई। निठल्लों की बन आई। दिन-भर उसी के साये में बैठकर इधर-उधर आँखें लड़ाईं। दिन को लौंडों का और रात को कुत्तों का शोर रहा, बहरहाल सदियों से इस पीपल का बड़ा जोर रहा।

मगर ठहर, ऐ दिले-नेक, आशिके-दास्तान, दुई को छोड़कर यकरंग हो जा। कायदे-अदब को न भूल। शाहे-ज़माना को याद कर कि जिनके डर से भागकर तख्तो-ताज के पुराने मालिकान अब ताश के पत्तों में जा समाए हैं। उनके वारिस अब दुनिया में फकत चार हैं। एक गप्तालिस के भाई कप्तालिस हैं, दूसरे सालियों के शौकीन सोसालिस हैं, तीसरे कमीनेस्त और चौथे शाहंशाह डैम-ओ-कुर्सी हैं। इन्हीं चौथे शाहंशाह की हुकूमत इस वक्त हिन्दुस्तान है। हरसू भले-बुरे डैमों की ही धूम है—भाखरा-नंगल डैम, रिहंद डैम, अक्ल डैम, ईमानदारी डैम और आम इन्सान डैमफूल है। हरसूं गरीबी और भुखमरी का बोलबाला है। ऐ चार सौ बीसी, फकत तेरा ही सहारा है। ऐ बड़े-बड़ों की रहनुमां, इस पीपल की फुनगी पर उतर आ, तभी इस किस्से का भी गुज़ारा है।

अर्ज़ दास्तान-ए-परी पीपल। ज़माना-ए-हाल। गली खस्ताहाल। रात का वक्त है। जाड़े का मौसम। गली में सौ गज़ के फासले पर बिजली के दो लट्टू जगमगा रहे हैं। दस-सवा दस का अमल है मगर आम घरों के दरवाज़े बन्द हो चुके हैं। इक्के-दुक्कों की आवाजाही अब भी जारी है। कुत्तों का मुशायरा हो रहा है, हरसूं भौं-भौं की वाहवाही है। कहीं एकाध बच्चा शायद बिस्तर गीला करने के बाद केहाँ-केहाँ कर रहा है; कहीं-कहीं टाट के झीने परदों की ओट लेकर डोली-कहारों की सड़क पड़ती कोठरियों के दीये टिमटिमा रहे हैं। कहीं नींद आने से पहले महरा-महरी की बातों में घर-गिरस्ती, नाते-गोतियों के चर्चे रुई और दुई से भी ज़्यादह गर्मा रहे हैं—''हमका का परी है, न्यौता भेजे चहै न भेजैं, जहन्नम माँ जायँ।'' ''हमार जीजा का तुम जहन्नम मां काहे भेजत हौ, जायं तौ तुम्हरे जायं।'' ''हरामज़ादी, हमरे जीजा का कहिहौ तो हियनैं कबर खोदि कै दफ्फन करि द्याब ससुरी का।'' बन्ने ने अभी आकर इक्का खोला है। ताड़ी के नशे में अपनी घोड़ी की गर्दन थपथपा ओ 'जानेमन' कहकर उसके कान का चुम्मा लेकर, घास का पूला अब तक न लाने वाली अपनी बीवी को गुस्से में साली बना रहा है। सन्नाटे की डोर में यही दो-चार गिरहें अटकती हैं गोया याद दिलाती हों कि जब सबका सिरजनहार ही कभी चिड़ीचुप होकर नहीं बैठता और न सोता ही है तब उसकी दुनिया में भी अंधेर न हो।

मगर तभी गली के दोनों तरफ बिजली के लट्टुओं पर टनाटन की आवाज़ होती है और गली में अंधेरा घुप छा जाता है। हाथ को हाथ पसारा न सूझे, वो समाँ बँध जाता है और नुक्कड़ से गली में धँसती हुई दो-तीन जोड़ी जूतों की खटाखट और चरमर आवाज़ आने लगती है। पैरों की आहट के पीपल के पास तक आते न आते एकाएक देखते क्या हैं कि पेड़ तले भक् से ऐसा उजाला हो गया मानो आज की रात सूरज भी इसी पीपल पर बसेरा करने उतर आया हो। पेड़ के नीचे थे, इसी गली के बाशिंदे जौहरी अब्दुल्ला सेठ और उनके दो कारिंदे। रौशनी के साथ-साथ जो तीनों की नजर ऊपर गई तो एक तो चीखते ही बेहोश हो धोंय से गिरा, दूसरा उल्टे पाँव पत्तेछू भागा और अब्दुल्ला सेठ की घिग्घी बँध गई। दोनों हाथ पाँव थर-थर काँपते हुए भी जाम हो गए, जिस्म पत्थर हो गया और खौफ बिजली के करेंट-सा उसमें थर्राता रहा। एकाएक फिर अंधेरा घुप हुआ, धरती पर एक धमाका हुआ और पेड़ के चारों ओर घुंघरू छमाछम यों दौड़ने लगे मानो कोई अल्हड़ शोख हसीना चकफेरियाँ ले रही हो।

ऐ किस्सा पढ़नेवाले दोस्तो, आप हैरत में होंगे कि ये यकायक क्या हो गया और अब क्या होने वाला है मगर होता है वही जो मंजूरे-खुदा होता है। बेचारे अब्दुल्ला सेठ के नसीब में आज की रात यही बदा होगा कि आसेबी चक्कर में पड़ें। इस दरख्ते-पीपल पर आज करीब छह महीनों से एक भूतनी रहती है। उसके मारे बड़े-बड़ों की हवा गुम है। मुहल्ले के सिरताज सबजजी के पेशकार जनाब मीरन साहब की तब से कई बार बुरी गत बन चुकी है। दुनिया-भर के भूत-जिन्नात को बस में करने वाले बड़े सरनाम मौलवी कुतुबुद्दीन, बरज़बाने-आम मौलवी कुतुबुद्दी, का घर एकदम पीपल से लगा हुआ ही है। उनके घर में कभी मैला पड़ता है, कभी पटापट बारूद के गोले फूटते हैं, कभी आग लगती है, कभी मौलवी साहब नीचे और चारपाई ऊपर होती है और एक बार तो दाढ़ी मूँडकर उनका मुँह भी काला किया जा चुका है। इन दो के अलावा आज ये तीसरे अब्दुल्ला सेठ फँसे।

गली में इस वारदात की भनक तो कई कानों में पड़ी मगर ऐसे में भला कौन पास आता! ज़रा देर बाद जी कड़ा करके इधर से गफ्फार बिजली वाले ने अपने बाहर की लाइट खोली, उधर से बसंतू कहार वगैरह आए। देखा तो सेठ जूता-मोजा पहने, लँगोटा बाँधे, नंगे बदन गली में चारों खाने चित, बेहोश पड़े हैं। उनका कुरता, शेरवानी, पाजामा; टोपी, चमड़े का बैग वगैरह सब गायब हैं। पास ही उनका कारिंदा भी उसी हालत में पड़ा है, फकत उसकी एक तरफ की मूँछ और भौं पर गहरा बालसफा लोशन रगड़ दिया गया था सो उठाते ही वे झड़ पड़ीं। बसंतू को यह देखकर भरी दशहत में भी हँसी आ गई। इन लोगों के हौसले को देखकर और लोग भी आगे बढ़ आए थे।

इस पीपल की परी को तो सभी जानते हैं। जब जीती-जागती थी तब गली की रौनक थी। नाम शरबती, आँखें शरबती, बोली में मिठास, रोने में नमक औ' हँसती तो फूल झड़ते थे। शरबती बगैर माँ-बाप की बेटी थी। तीन वर्ष की उम्र में अनाथ हुई, सात चूल्हों पर सिंकी रोटियों के जूठे टुकड़ों से पली-बढ़ी, फटे-चिथड़ों में खुले-मूँदे रफ्ता-रफ्ता उसका जोबन फूटा जिसे देखकर भूखे भेड़ियों की आँखों में खूनी चमक आई। शरबती के लिए हर घर शेर की माँद बन गया और गली-बाज़ार शहवत के खूंख्वार दरिंदों का जंगल। उसका निकलना-चलना मुहाल था लेकिन बत्तीस दाँतों के बीच में बड़े बचाव से ज्यों शोख और चटोरी ज़बान चलती है त्यों शरबती भी चल निकली।

किसी न किसी घर का सौदा-सुलुफ लाने के लिए दिन में दस बार सुलेमान पन्सारी के यहाँ जाना पड़ता, वह थुलथुल मोटा मेढ़क बहुत पीछे पड़ता था। जब यह छोटी नौ-दस बरस की ही थी तभी से वह ज़्यादतियाँ करने लगा। सौदा-पैसा देने-लेने में वह इसका हाथ पकड़कर ऊपर अपनी गोद में घसीट लेता और फिर दबोचकर उसकी हर गत बनाता और बाज़ार वाले हँस-हँसकर मज़ा लेते थे। वह उससे नफ़रत करती थी। वहाँ नहीं जाना चाहती, पर न जाए बिना भला क्योंकि चलता। जो कोई घरवाली दो जूठे टुकड़े खिलाती या फटी उतरनें पहनने को देती वही काम भी लेती थी। मुफ्त में कौन देता है? उसे दिन में दस-बीस बार बाहर आना-जाना पड़ता। मुहल्ले में सुलेमान की बदौलत जब वह एक बार हँसी और छेड़ का सामान बन गई तब हर कोई छेड़ता। शुरू में सैकड़ों बार आँखों से चौधारे बहा-बहाकर फिर जाने कहाँ से उसमें अक्ल फूटी, ऐसी चरबांक बनी कि उससे पार पाना मुश्किल हो गया, अच्छे-अच्छों को चूना लगा दिया। बाप और बाबा की उम्रवालों से लेकर नौजवानों तक ने शरबती की नौजवानी आने से पहले ही उसे भीतर की समझदारी में पोढ़ी औरत बना दिया था। जो वार करने को झपटता उसे ललचाकर अपनी शरबती आँखों की मोहनी से बाँध देती थी। शरबती आँखें नचाना, भोली बातें बनाना, बहलाना-बहकाना, लोगों में आपसी जलन पैदा करवाके लड़ा देना, कल बोसा देने के वादे पर आज किसी से कुछ खा-चाट लेना वगैरह-वगैरह बातों में नम्बरी हुनरमंद हो गई।

शरबती अपने आप ही में एक से दो हो गईः ऊपरवाली शरबती चरबांक थी और भीतरवाली संजीदा। जो भीतर वाली थी वह घर के भीतर ही रहना चाहती थी। मगर कौन रखता? जब छोटी थी तब रात के वक्त किसी की दहलीज़-दालान में दुबककर पड़ रहती थी। अगर अब वह बड़ी और बदनाम हो चली थी। हर घर की माँओं, बीवियों को अपने कुँवारे-जवान बच्चों या बिगड़े-दिल शौहरों के खुदा-न-ख्वास्ता हाथ-बेहाथ हो जाने के डर से उसे अपने यहाँ सुलाने में गुरेज़ था। करीब-करीब हर जगह, हर रात सोने के लिए टंटा मचता। पैरों पड़कर, रोकर किसी न किसी तरह कहीं न कहीं पनाह पाती ही रही मगर फिर उसके लिए पनाह पाना भी एक अहम सवाल हो गया था।

अब्दुल्ला सेठ लखपती आदमी शरीफ खानदान के थे। उनके वालिद बसरा-बगदाद से आकर यहाँ बसे थे। मोतियों का खास कारबार था। अब्दुल्ला सेठ की बीवी बड़ी नेक, हसीन और शरीफ थी। अब्दुल्ला सेठ यों तो हर तरह से भले, इन्साफ-पसन्द, संजीदा और दिल वाले थे मगर बाज़ारू लड़कों के पीछे

दीवाने रहने के सबब से अपनी बीवी को कभी चैनो-करार न दे पाए। एक लड़की थी, उसी का मुँह देखकर वह जीती और खुश रहती थी। शरबती उन्हीं के पाँव पकड़कर रोई। अब्दुल्ला सेठ की बीवी को दया आ गई, अपने पास रख लिया। वो दो-ढाई साल शरबती की तब तक की ज़िन्दगी में सबसे उम्दा गुज़रे। अब्दुल्ला सेठ की बीवी ने शरबती को सदा घर के काम-काज में ही रक्खा; कभी बाहर नहीं भेजा। घर के किसी नौकर की मजाल न थी जो शरबती को छेड़ देता। लड़की बड़े सलीके में पड़ गई। पढ़ना-लिखना, सीना-पिरोना आ गया। खाना बनाने में हाथ सधने लगा। अलम्-सुकून में और साफ-सुथरी रहने की वज़ह से शरबती के चेहरे पर ऐसा निखार आ गया था कि बाहर वाला अनजान उसे धोखे में अब्दुल्ला सेठ ही की दूसरी लड़की समझता था। पर शरबती की बदनसीबी से अब्दुल्ला सेठ की बीवी अचानक दिक होकर मर गई। हालाँकि मरने से पहले बीवी ने अपने शौहर से वादा कराया था कि शरबती की कहीं शादी करा देंगे मगर अब्दुल्ला सेठ को एक मुद्दत तक उस फिक्र को साधने की फुरसत न मिली, हालाँकि यह नेक इरादा अक्सर जाहिर कर दिया करते थे। साल-भर बाद ही अपनी लड़की की शादी उन्होंने धूमधाम से कर दी। वह अपने घर चली गई। अब्दुल्ला सेठ के सूने जनानखाने में भद्दर गदराती हुई शरबती की सोलह के सिनवाली जवानी फिर बेपनाह हो गई।

मुहल्ले के एक कदीमी बाशिंदे और लीडर सबजजी के पेशकार जनाब फलाँ-फलाँ उर्फ मीरन साहब अब्दुल्ला सेठ के बचपन के दोस्तों में थे। पुराने साथियों में यही दो हैसियतदार थे, लिहाज़ा खूब पटती थी। अब्दुल्ला सेठ को खाने-खिलाने का शौक था और मीरन साहब मुफ्तुल्ले-ऐश-पसन्द थे। दोनों दोस्त चूँकि आबरूदारी पर जान देते थे, लिहाजा ऐब ढंककर करते थे। अपने ऐबों के लिए खुदावंदेकरीम की रहमत पर भरोसा रखते थे और ज़माने के तमाम ऐबों और ऐब वालों के लिए सरे-आम सदा त्यौरियाँ ताने रहते थे; ज़माने-भर को सजा देने के लिए माजिंद-तलवार के म्यान से बाहर निकल पड़ते थे—ऐसे बड़े आबरूदार थे।

मौलवी कुदबुद्दी ने एक रईस बेवा को अपने पुराने शौहर के आसेबी चक्कर से बचाया था, बाद में झाँसा देकर उससे शादी कर ली थी। मौलवी साहब को सई-शाम से चंडू के छींटे उड़ाने और रात-भर गहरी पिनक में रहने की आदत थी। औरत को शाम से ही कोठरी में बन्द कर दिया करते थे। सुबह उठ के ताला खोलते और हुक्का भरने का हुक्म देते। फिर तोला-भर अफीम केवड़े में

घोल पीकर अमल में दून की हाँकते हुए दोपहर तक पचासों के आसेब झाड़ते, गंडा-तावीज बाँटते, रुपए कमाते। फिर दस्तरख्वान बिछता। खाने के शौकीन थे। बेगम के साथ खाना खाते, फिर रस की बुढ़भस निकालते और अपनी जवानी के ज़ोम बखानते। फिर शाम को वही ताले-कुंजी और चंडूबाजी का वक्त हो जाता। बेगम की खाई-पली हवस की मारी देह इस घुटन को तोड़कर आज़ाद होने के लिए मचल उठी। वह सोचे कि किसी तरह तलाक लूँ और दूसरा शौहर करूँ। एक दिन उसने जल्द नींद लगने का बहाना किया और ऊपर अपनी कोठरी में चली गई। बिस्तर पर लम्बे-लम्बे तकिये रखकर चादर उढ़ा दी और आप जीने के पीछे दुबक रही। मौलबी साहब उसे सोता समझ बदस्तूर ताला लगाकर चले गए। औरत छत फाँदकर पड़ोस के घर में चली गई। सब हाल कहा। हमदर्द पड़ोसी कानूनी सलाह से वास्ते पेशकार साहब को बुला लाया। उस बहाने से दोनों में जान-पहचान हुई और फिर तो ऐसी चालें चली गईं कि मीरन साहब अक्सर अपनी रातें मौलवी साहब के यहाँ गुजारने लगे। बाद में मौलवी साहब को सब कुछ मालूम हो गया मगर वे दबे रहे। मौलवी ने औरत से बदला ले लिया। मीरन साहब को कुछ रोज़ के वास्ते एक दूसरी आसेबी चक्कर की चिड़िया के जाल में फँसा दिया और उस औरत को धीमे असर वाला जहर देकर रफ्ता-रफ्ता मार डाला। तब से 'मुफ्तुल्ले-ऐयाश' बेचारे मीरन साहब के वास्ते बीवी उर्फ घर की मुर्गी को छोड़कर दिलबस्तगी का और कोई सामान न रहा।

सेठ अब्दुल्ला के सूने घर में खिली शरबती की जवानी को देखकर मीरन साहब अपने काबू में न रह सके। दोस्त को दबाने लगे। उन्होंने अपनी बीवी को शरबती की शादी के बाबत किए गए वादे की दुहाई दी। मीरन साहब ने कहा कि मौलवी कुतुबउद्दीन से करा देंगे। इस तरह शरबती मौलवी कुदबुद्दी की बीवी और मीरन साहब का खिलवाड़ बनी।

शुरू-शुरू में तो शरबती का चेहरा देखकर मौलवी कुदबुद्दी की बुढ़भस को रीझने और मन बहलाने का शग्ल मिला मगर बाद में बात-बात पर चिढ़कर उसे बेंतों से नीली-पीली बनाने लगे। वह चीखती-चिल्लाती तो आप भी ज़ोर-ज़ोर से अरबी-फारसी के मंतर बूकने लगते। लोगों से कहते कि उसका भूत झाड़ता हूँ। चिढ़ इस बात की थी कि मीरन साहब से कभी धेले की आस न थी और ऊपर से शरबती के खाने-पहनने का खर्च सहना पड़ता था। पुरानी बीवी तरह-तरह के खाने पकाने में होशियार थी, शरबती के पास वह हुनर कहाँ! मौलवी कुदबुद्दी दरअस्ल बड़े बुज़दिल थे, मीरन साहब की पेशकारी का रौब उन्हें ख्वाहमख्वाह

हरदम दबाए रखता था। शरबती मीरन साहब से मौलवी साहब की शिकायत करती तो वे तसल्लियाँ देते थे कि जल्द ही दूसरी जगह तुम्हारा इन्तजाम कर रहा हूँ।

शरबती दबी बिल्ली-सी घुटते-घुटते एक दिन शेरनी बन गई। सुबह का वक्त था। बैठके में गंडे-तावीज वालों की भीड़ लगी थी। मौलवी साहब अनकरीब नौ बजे नशे की तड़क में हस्बमामूल अन्दर दूध-हलवे का नाश्ता करने गए तो चूल्हे को ठंडा और शरबती को अपनी कोठरी में लेटे हुए पाया। तैश में आकर उसका भूत झाड़ने के लिए बेंत उठाया ही था कि शरबती पेट्रोल की टंकी की तरह भभक उठी। फिर तो मौलवी साहब कोठे-कोठे, छत-आँगन नाचते फिरे। लोगों ने समझा कि आज उनका भूत झाड़ा जा रहा है और शरबती के मंतर अरबी-फारसी के न होकर खालिस हिन्दुस्तानी के सुनाई पड़ रहे हैं जिसमें मीरन साहब और मौलवी साहब की इज्जत पानी की तरह उतर रही है। बड़ी जग-हँसाई हुई। दिन-भर, बल्कि दो-चार दिनों तक, मौलवी साहब और मीरन साहब के हँसी-मज़ाक और बदनामी-भरे चर्चे हरसूं हर ज़बान पर वसन्ती गुलों की तरह खिलते रहे। मीरन साहब ने अपना ताल्लुक कतई तर्क कर दिया, यहाँ तक कि उस गली से आना-जाना तक छोड़ दिया। मौलवी कुदबुद्दी के घर के मेले और उनकी आदमनी पर भी कुछ न कुछ असर पड़ा। मौलवी साहब तप-तप उठे। एक दिन उन्होंने खुद अपने हाथ से हलवा पकाया और बड़े लाड़ से शरबती को खिलाने आए। शरबती समझ गई कि कुछ दाल में काला है मगर मक्र किया। बाद में यह भी दरसाया कि उसपर जहर का असर हो रहा है—तड़पी, एड़ियाँ रगड़ीं, काँखी, कराही और हाथ-पैर ढीले डालकर लेट गई। मौलवी साहब को यकीन हो गया कि मर गई। फिर कुछ देर तक जोर-जोर से रोते रहे और झटपट अफीम घोलते रहे। उस रात शरबती का जनाज़ा निकालने की फिक्र में चंडू के छींटे उड़ाने की फुसरत न थी और शरबती की मौत की खुशी में अमल का जोश दूना था। फिर कफन-दफन का इंतजाम करने के लिए बाहर निकले। तांला लगा के गए। इनके जाने के बाद शरबती उठी, मौका-महल ताका और बैठकखाने का दरवाजा खोलकर गली में लुपू-से निकल आई।

मौलवी साहब के घर के सामने ही घसीटे पहलवान का मकान पड़ता था। दरवाज़ा खुला देखा तो उसी में घुस गई। घसीटे पहलवान तो करीब महीना-भर हुआ, गुज़र ही गए थे पर उनका इकलौता लड़का गफ्फार अन्दर बैठा अपने बिजली के धन्धे का ही कुछ काम बना रहा था। दो बाहर वाले भी मौजूद थे। शरबती

दरवाज़े की ओट हो गई और कुण्डी खटखटाकर गफ्फार को बुलाया। शरबती ने उसके पाँव पकड़ लिए। अपने आँसुओं को रूमाल से ढंककर उस नौजवान की खुराके-दिल के लिए अदाओं की लुभावनी प्लेटों सजा दीं। शरबती का पुराना जादू तो सबके सर पर चढ़ा हुआ था ही, फिर बरसों बाद देखने को मिली, गफ्फार भड़ी पर चढ़ गया। उसे अपने घर में छिपाकर पनाह दी।

इधर मौलवी कुदबुद्दी मैयत का इन्तज़ाम करके चार-छह आदमियों के साथ घर लौटे तो देखा कि लाश लापता थी। बैठकखाने का दरवाज़ा खुला पाकर उन्हें यकीन हो गया कि शरबती जहर की पुड़िया निकली, दगा दे गई। बड़े घबराए। दौड़े हुए मीरन साहब के यहाँ गए। कहा कि सरकार, तुम्हीं ने दर्द दिया था, तुम्हीं दवा देना। मीरन बोले कि खैर, तुम झूठा जनाजा ही निकलवा दो ताकि उसकी खबरे-मौत कानूनन पुख्ता हो जाए। ताबूतवालों को रिश्वत देने के बहाने कभी धेला न खर्च करने वाले मीरन साहब से भी मौलवी साहब कुछ न कुछ झटक ही लाए। यों मामला रफा-दफा हुआ। कुछ लोग मज़ाक में मातमपुर्सी करने मौलवी साहब के यहाँ आए। चार-छह रोज तक शरबती के मरने का चर्चा मुटल्ले सुलमान की दूकान पर और लोगों की जबानों पर रस का बायस बनकर चढ़ा रहा।

इधर शरबती गफ्फार से बोली कि मियाँ बाकायदा शादी करके रक्खोगे तो रहूँगी, वर्ना अब इस ज़िन्दगी में दिलचस्पी नहीं। यों भी मर तो चुकी ही हूँ।, दरियाए-गोमती में जाके डूब मरूँगी। गफ्फार ने फौरन उसे सीने से लगाया। कहा कि मैं शरीफ हूँ। अगर तुम वफादारी निभाओगी तो मेरी ओर से कोई शिकायत न पाओगी। मगर भूतनी से शादी न करूँगा। तुम्हें अगर जिन्दा न किया तो नाम गफ्फार नहीं। शरबती ने प्यार के जोश में अपनी दोनों बाँहों को गफ्फार का गलहार बना दिया और बोली कि अगर तुम मेरी ओर से इस मुवे मौलवी और निगोड़े मीरन से इन्तकाम लोगे तो तुम्हारे पैरों की जूती बनने के वास्ते जिस्म के टुकड़े काटकर हाज़िर कर दूँगी।

गफ्फार मियाँ कारसाज़ थे। एक रात अपनी छत से पीपल पर चढ़े और गली पार कर मौलवी की छत पर टपक पड़े। मौलवी साहब हस्बमामूल नशे में अंटागफ़ील थे। फिर भी हिफाज़त के लिए उनकी कोठरी का कुण्डा चढ़ाया और उनकी बैठक में छ़िपाकर एक छोटा-सा लाउडस्पीकर फिट किया। तार धन्नियों और कार्निसों में छिपाकर इस सफाई से ले गए कि कहीं से दिखलाई ही न पड़ता था। कोने की कार्निस में चूहे का बिल होने के सबब से छत फोड़कर तार बाहर

निकालने में खुदाई मदद-सी मिल गई। वहीं से पीपल शुरू होता था। तार को पीपल की टहनियों में छिपाकर खींच ले गया। अब मजा यह हुआ कि दूसरे रोज सुबह, जबकि मौलवी कुदबुद्दी के यहाँ आसेबी मरीज़ों का मजमा लगा हुआ था, तभी गफ्फार के घर में बैठी हुई शरबती नक्की सुरों में माइक्रोफोन पर बोलने लगी, आवाज़ मौलवी कुदबुद्दी के बैठकखाने में आने लगी, "इस मुंवें मौंलवी नें जहर का हंलुआँ खिलाँ के मुँझे मारा है। अब मैं इसें खिला-खिला के मारूँगी।...अयं भोंले लोंगों तुम किस खूँसट ज़ांलिम के फ़रेब में फंसें हों! इंसे मैंने नं तो कभी रौंजा-नंमाज कां पाबन्द पाया और नं कंभी यह देंखा किं इल्मे-गैव कीं मंश्क कंरता है। यंह फंकत ढोंग करता है।...सुंबू-दोपहंर अंफीम घोंलतां है। शांम कों छीटें उंड़ांनें सें इसे फुरसत नहीं, ऊंपर सें बंड़ां भूंतों का झांड़ने वांलां बंनतां है। ज़ंई देंखना तों, इस मुंवें की कैंसीं कुंदी बंनांती हूँ।"

मौलवी साहब को सुनते ही गश आ गया। मज़मा चेहमेगोइयाँ करता, उनके नाम धरता, उनकी शान में गालियों का शाहनामा पढ़ता हुआ रफा-दफा हुआ।

दूसरे-तीसरे ही रोज़ रात में गफ्फार ने उसी तरकीब से मौलवी कुदबुद्दी के घर जाकर पिछवाड़े का दरवाजा खोला और भंगी के लड़के को मौलवी साहब के घर में दाखिल करा दिया। दूसरे दिन मौलवी कुदबुद्दी का तमाम दिन अपना घर धुलवाते और लाहौल पढ़ते ही बीता। एक दिन मौलवी साहब के चूल्हे में, हुक्के की तम्बाकू में, आटे में बारूद मिला आए। मौलवी साहब सुबह हुक्का पीने बैठे तो तम्बाकू में लौंका उठा। चूल्हे में आग लगी। पराये घर अपना आटा लेके दो रोटियाँ सिंकवाने गए, वहाँ भी आटे में सनी गीली बारूद तवे पर सिंकते-पकते चूल्हे में जाते ही भक से जल उठी, धुआँ-धंसक उड़ी। इसके बाद मुहल्ले में कोई उन्हें पानी लेने-देने का भी रवादार न रहा।

इधर मीरन साहब का यह हाल हुआ कि एक दिन में उनके सिनेमा से लौटकर आने के वक्त उनकी गली के नाबदान का पत्थर हट गया और वे गड़ाप से उसमें जा समाए। एक बार रात में अनकरीब साढ़े बारह-एक बजे अपने इजलास के हुज़ूर जज साहब के चन्द मेहमानों को अंग्रेज़ी सिनेमा दिखलाने के बाद अब दूसरी खास दावत में शरीक होने के लिए अपने खास-उल-खास अज़ीज़ दोस्त अब्दुल्ला के यहाँ जा रहे थे। शाम को सेठ के यहाँ ही इस वक्त आने की बात तय हो चुकी थी। बड़े मगन थे। सीटी बजाते गली के सुनसान को मस्ती से गुँजाते बेहोश चले आ रहे थे कि अंधेरे में पीपल से एक खाली कनस्तर इनके आगे गिरा। ये ठिठके, तभी गहन अंधेरे में पीछे से एक भूत ने आके इन्हें दबोच

लिया। जब तक ये संभले-सभलें कि वह तेल-चिक्कन काला भुजंग इनकी गर्दन पर सवार। घिघिया के धम् से गिरे। कन्धे पर कटार-सी चुभनी थी कि फिर होश कायम न रख सके। वारदात के बाद पाँच मिनट तक कहीं जूँ भी न रेंगी। फिर इधर से गफ्फार अपनी छत की मुंडेर से झाँककर बोला, "अमाँ बसन्तू चच्चा होत्।"

"हाँ बेटा, घबराना नहीं। हम महजूद हन। औ' ऊपर पीपल के पास ठड़े होने का कोई काम नहीं। नीचे जाओ फौरन।" सफेद बुर्राक बड़ी-बड़ी मूँछोंवाले बसन्तू कहार की बुजुर्गाना फटकार-भरी कड़ियल आवाज़ गली में जरा दूर से आई।

"नहीं, मैंने कहा कि अब लैट जला के देखने में कोई हरजा तो नहीं-नाँ!" गफ्फार ने फिर कहा।

"अबे, नीचे उतर लौंडे! वो पीपल वाली है बेटा! नीचे से लैट दिखा आके। मैं आता हूँ!"

बसन्तू कहार के डर से शरबती और गफ्फार को गुपचुप हँसी आई। बुजुर्ग के प्यार पर गफ्फार के मन में अदब जागा। खुदा का नाम ज़ोर-ज़ोर से लेके गफ्फार ने अपने घर के दरवाज़े की लाइट खोली, फिर दरवाज़ा खोला और लम्बी डोरी में दो सौ पावर का बल्व लगाकर आगे बढ़ा। बसन्तू, जुम्मन, बन्ने, बुलाकी, कई बड़ी-बूढ़ी महरी-दाइयाँ आगे आईं। देखा, मीरन साहब। नया सूट इस तरीके से फटा कि फकीर के पहनने काबिल भी न रहा। मीरन साहब होश में लाए गए। उधर अब्दुल्ला सेठ और इधर इनके घर तक खबरें पहुँचाई गईं। गफ्फार इन्हें होश में लाकर बाअदब मिज़ाजपुर्सी व रंज जाहिर करता हुआ इनकी खिदमत में लगा रहा। कुर्सी लाया। छोटे-बड़े लोगों की भीड़ जब परी-पीपल के शहीद मीरन साहब को कुर्सी पर उठा कर ले चली तो यह जिक्र भी आया कि मौलवी साहब ने अब उस आसेब को अपने घर से निकालकर गली वालों की मुसीबत का बायस बना दिया है। मीरन साहब ने अपने मन में ये धर लिया कि मौलवी की कारस्तानी है।

मीरन साहब दूसरे रोज़ अपने दोस्त पुलिस के थानेदार को दो-चार सिपाहियों के साथ बुला लाए। सबको पीपल तले बुलवाकर बड़े गरजे-बरसे। गफ्फार बड़ी फर्माबरदारी में रहा। अदब से अपनी और चुड़ैल की दो मुठभेड़ों की खौफनाक दास्तान सुनाई। थानेदार ने मौलवी साहब के और आसपास के दो-चार घरों में तलाशी लेने का हुक्म दिया। गफ्फार सब जगह तलाशी दिलाने ले गया। सब घरों का कोना-कोना सिपाही छान आए, मगर कहीं शरबती का पता न चला;

बेशक उसकी भूतिया कार्रवाइयों के चकमे में मीरन साहब अपने घर में सुबह जो सोकर उठते हैं तो देखते हैं कि सामने के आले में आईने के आगे एक दाँत निकालती हुई खोपड़ी रक्खी है। मीरन साहब चीख उठे। घरवाली अन्दर आ गई। बेटे-पतोहू, महरी-नौकर भी दौड़ पड़े। अब खोपड़ी पर जो नाम पढ़ते हैं तो लिखा है, 'शरबती'। घरवाली नौ-नौ बाँस उछली, "यही तुम्हारे गुनाहों की सज़ा है। मैं कहती हूँ, और हो, और हो, अल्लाह करे! जैसा तुमने मेरा रोआँ-रोआँ सताया है—उस मुर्दार मौलवी की निगोड़ी पहली वाली के पीछे मुझे क्या-क्या नहीं सहना पड़ा! और अब यह दूसरी वाली को लेके तुम्हारे अज़ाब मुझपर और मेरे बाल-बच्चों तक पर पड़ रहे हैं। मुन्ने, बेटा, तुम आज ही किराये का दूसरा मकान देखो। रहें ये यहीं। वह चुड़ैल..."

मीरन साहब घर से लेकर बाहर तक मुँह दिखलाने के काबिल न रह गए। मौलवी कुदबुद्दी के दरवाज़े तो चौबीसों घण्टे बन्द रहने लगे। शरबती के आसेब ने उन पर यह असर तो ज़रूर डाला कि बुढ़ापे में आकर जानो-ईमान से रोजे-नमाज के पाबन्द हो गए। पाँचों वक्त जांनमाज बिछने लगीं। तसबीह हरदम फिरने लगी, आँखें सदा खौफे-खुदा से ऊपर ही टँगी रहने लगीं। होंठों से हर वक्त ही बुदबुदाते थे, "जल तू जलाल तू, आई बला को टाल तू।"

बहरहाल यों ही कभी पेशकार मीरन साहब के घर के नौकर, शरबती के पुराने चाहनेवाले टेसुआ को साधकर कुछ तमाशे करवा देते और कभी मौलवी साहब पर करम हो जाता। कभी-कभी आधी रात के वक्त पीपल के पेड़ से घुँघुरूओं की झनकार, खिलखिलाकर हँसना, नक्की सुरों में न जाने किस जबान में भूतिया तरानों के झलक-पलक प्रोग्राम से पब्लिक को सहमा दिया जाता और कभी मुटल्ले सुलेमान के लिए धमकियों-भरी बातचीत सुनाई पड़ती। चुड़ैल शरबती कहती कि वह थुलथुल मेढक अगर मुहल्ले के पाँच गरीब लड़कों और पाँच लड़कियों की सालभर की फीस हर एक के घर इकट्ठी न पहुँचा देगा तो उसकी तोंद काटकर उसका नगाड़ा बनाकर यहीं पीपल तले बजाऊँगी।

पीपल की परी के ये करिश्मे पिछले कुछ महीनों के दौरान में हुए तो कुल जमा कुछ ही मगर उनका हुल्लड़ बहुत बँधा। शरबती के आसेब ने अपनी और आसपास की कई गलियों के गरीबों का भला करवाया और उसके जस की अजब चाँदनी-सी फैली गई।

शरबती अब अपना बदला ले चुकी थी। गफ्फार इतने दिनों के साथ में उस पर जान देने लगा था। शरबती उसकी हर खिदमत में रही मगर अपने को

बचाकर रही। अपने ऊपर जब्र करने के बावजूद गफ्फार पर इस बात का गहरा असर पड़ा। साज़िश में मिलाने के सबब से मीरन साहब क़े घर नौकर टेसुआ और अब्दुल्ला सेठ के छोकरे रहीमा को भी अस्लियत का पता था, कुछ-कुछ भंगी का लौंडा भी जानता था। इन सबका आपस में हँसी के मारे पेट फूलता था। राज़ ज़्यादा दिनों तक छिपा रखना मुमकिन न था। पर गफ्फार को जोश चढ़ा आया कि अब्दुल्ला सेठ को भी मजा चखाना होगा। शरबती यह नहीं चाहती थी मगर मजबूर हुई। एक दिन रहीमा से पता लगा कि सेठ कानपुर गए हैं, रात की गाड़ी से लौटेंगे। अंधेरी रात थी, सो पटापट इन्तजाम हो गया। पीपल की शाखों में छिपाकर गफ्फार ने ऐसे कैंडे से एक फ्लड-लाइट रक्खी थी कि गली में रौशनी की थाली घुँघुरूओं के झमाके के साथ गिर पड़े। टेसुआ को भूत की तरह भयानक रंगकर एक शाख पर बिठा दिया, जिसे देखकर ही अब्दुल्ला सेठ और उनके साथी डरे थे। इसी मौके पर समाजी डर के भरोसे पर गफ्फार अपनी माशूक़ा का आखिरी इंतक़ाम लेने के लिए पीपल से कूद पड़ा और अब्दुल्ला सेठ के कपड़े उतारकर, शरबती को अक्सर सताने वाले बाकर कारिंदे की आधी मूँछ और एक भौं पर गहरा बालसफा लोशन मल गया। अब्दुल्ला सेठ के कपड़े और चमड़े का बैग मय-रुपए-टके हर चीज के सही-सलामती से रहीमा के हाथों उनके पहुँचने के पहले ही उनके घर पहुँच गया।

शरबती के ज़िन्दा होने में बस अब इतनी ही कसर बाकी है कि मुटल्ले सुलेमान से चुड़ैल शरबती और उसके भूत आशिक के निकाह की दावत का खर्च लेना है। उस दिन मुहल्ले-भर की दावत होगी। बड़े-बड़े चरचे होंगे, कहकहे लगेंगे मगर शरबती का दीदारे-शरबती अब सिर्फ गफ्फार को ही नसीब होगा, वह औरों के लिए महज एक किस्सा हो गई है। जैसे यतीम शरबती की ज़िन्दगी के धारे में करम-ए-इलाही की मिठास घुली, उसका दिन फिरा वैसे खुदा करे सबका फिरे।

बनफशा बेगम के नूरेनज़र

लखनऊ के नवाब मर गए मगर औलादें छोड़ गए हैं; नवाबी न रही मगर उसके खंडहरों में अब भी पुराने उल्लू बोलते हैं। यकीन न हो तो गुलज़ार बाग चले जाइए। कौन बड़ी दूर है। कहीं से बस का टिकट कटाइए, सीधे शहर के छोर तक चले जाइए, आगे नदी पड़ेगी, नाव वाले को टका उतराई और दस नये पैसे बख्शीश के दीजिए और फिर उस पार नाक की सीध में चलते ही चले जाइए। दायें मुड़ेंगे तो मरघट पड़ेगा, बायें बढ़ेंगे तो चिनहट पड़ेगा, बस उसी गाँव से लगा हुआ गुलज़ार बाग है।

यों तो गुलज़ार बाग में अब न गुल रहे और न बुलबुल। एक मील के घेरे में उसकी टूटी चहारदीवारी की ईंटें जाबज़ा बिखरी पड़ी हैं। अन्दर बारहदरी की टूटी शहतीरों पर जब बिसखोपड़े नहीं दौड़ते तब गिलहरियाँ अपनी दुमें ऊँची उठाए आगे के चुन्ने-मुन्ने पंजों से अपनी मूँछें साफ करती हैं। हम्माम में सितारों ने जाबज़ा अपने भिटे खोद रखे हैं। जगह-जगह कमर-कमर तक घास उगी खड़ी हैं। चारों ओर धतूरे और भटकटैया के फूलों का जंगल उगा हुआ है। यह देखकर कौन कह सकता है कि आज से अट्ठाईस-तीस बरस पहले तक यही जगह मीठी बोलियाँ बोलनेवाली चिड़ियों और मीठी तानें लेने वाली नाज़नियों से हर वक्त ही गूँजा करती थी।

दुल्लू नवाब ने अपने खानदानी दुश्मन अच्छन नवाब की इकलौती बेवा को अपने इश्क के चंगुल में फँसाकर इसी बाग और बारहदरी में बड़े-बड़े ऐश किए थे। उनकी ब्याहता बनफशा बेगम इसी बाग के पच्छुम तरफ पुरानी कोठी में कोसा-काटी, जादू-टोने किया करती थीं। सौत ने ऐसा कंपा डाला था कि बनफशा बेगम का कोई दाँव ही न लग पाता था।

बनफशा बेगम गुल्लू खाँ पठान की बेटी बड़े नाज़ों पली बड़ी पाक-साफ, बड़ी गुस्सावर और बला की बदज़ुबान थीं। बाप ने हींग के व्यापार में लाखों रुपए कमाए और बड़ी साध से अपनी इकलौती लाड़ली को गुलज़ार बाग के खान्दानी नवाब के यहाँ दिया। लेकिन दुल्लू नवाब का आली खान्दान और गुल्लू खाँ पठान की हींग की कमाई कोई भी बनफशा बेगम के काम न आई। क्योंकि मियाँ उनके साये से ही कतराते थे। बनफशा बेगम चाहती थीं कि नवाब साहब पाँचों वक्त की नमाज पढ़ा करें, अपने मज़हब के पाबन्द रहें, और नवाब साहब चाहते थे कि बेगम अपनी दौलत उनके नाम लिख दें ताकि वे उसे भी अपने बाप-दादों के माल की तरह ही फूंक सकें। न ये उनके काबू में आईं और न वो इनके। बीच ही में बेवा गदरज़ग की मुन्नी बेगम उन्हें हथिया ले गईं।

हाय क्या-क्या न बीती बेचारी बनफशा बेगम पर। महीनों तक नवाब साहब का साया भी देखना नसीब न होता। ये इतनी भारी कोठी और उसमें टुटरूँ टूँ तीन इन्सान—मायके से साथ आई हुई कल्लो महरी, दारोगा पीर अली और खुद बनफशा बेगम। उधर गुलज़ार बाग में नौकरों-चाकरों, लौडियों-बांदियों की फौज की फौज थी। बनफशा बेगम को और सब कुछ खलकर भी न खला, मगर इस बात पर जान जाती थी कि मेरे शौहर पराये हो गए। दिल में कुछ रखना न आता था, इतनी पाक-साफ थीं कि अक्ल से भी पाक रहीं। ईद-बकरीद कभी भूले-भटके नवाब साब आए भी तो उन्हें देखते ही खड़ी-खड़ी बिजलियाँ कड़काती थीं। दुल्लू नवाब चुपचाप सिर झुकाए खड़े रहते फिर अपने ही हाथों गिलौरीदान से पान लेकर रुखसत हो जाते थे। नवाब साहब उनसे डरते थे, उनकी पाकीज़गी का भी उन पर गहरा असर था, मगर दोनों के मिज़ाज मेल न खा सके।

एक दिन संजोग से कोठी में काम करनेवाली एक नब्बे साल की बूढ़ी पुरानी महरी मरने से पहले अपने मालिक और बेगम साहिबा को देख लेने और दुआएँ देने की गरज से डोली पर बैठकर आई। बनफशा बेगम और पीर अली से नवाब के हाल सुने, कि इलाके पर इलाके बिकते चले जा रहे हैं, कर्ज़ बढ़ रहा है, मुन्नी बेगम का माल भी खा-पी के बैठे हैं। शरीफ हैं, दिल-दरिया हैं, इन्हें मुन्नी बेगम और मुसाहबीन बहकाए हुए हैं। महरी ने इस खान्दान की एक पुरानी कहानी सुनाई, कि नवाब बड़े बहादुर थे मगर इसी तरह वे भी बुरी सोहबत में पड़ गए थे। उधर बादशाह पर दुश्मन का धावा हुआ, इधर ये नशे में आठों पहर धुत्त। सब लोग समझा-समझा के हार गए मगर वहाँ सुनता कौन था—बल्कि नशे के आलम में नेक सलाहों का मज़ाक उड़ाया जाता। बेगम साहबा थीं इन्हीं दुल्लू

नवाब की सात पुश्तों में कोई दादी-परदादी। मुगल की बेटी, दबंग और बड़ी आनबान वाली थीं। एकाएक मर्दाने में चाबुक लेकर पहुँच गईं, मुसाहबों नाचने वालियों पे जो दनादन चाबुक बरसाने लगीं तो भगदड़ पड़ी। नवाब साहब को अपने हाथों ज़िरह-बख़्तर पहनाया, तलवार दी और कहा कि सुर्ख़रू होकर लौटिए और फिर वही रागरंग कीजिए, मैं दखल न दूँगी। ऐसी दबंग थीं।

बनफशा बेगम को यह सुनकर मानो अपनी घुटन का इलाज मिल गया। एक नजूमी ने बताया था कि साल भर में लड़का होगा और अगर अब न हुआ तो कभी न होगा। साल बीता जा रहा था और ओझा, सयाने, मौलवी, पण्डित कोई भी नवाब साहब को बेगम साहबा के पास न पा सके थे। लिहाज़ा बेगम साहबा ने इस खान्दान की पुरखिन से सबक लेकर डोली मँगवाई और साथ हण्टर के गुलजार बाग पहुँच गईं। पुरखिन बेगम ने तो मुसाहबों की मरम्मत की थी मगर बनफशा बेगम ने अपनी सौत को हण्टर नाच नचाया। दुल्लू नवाब बचाने उठे तो उन पर भी चाबुक बरसे। मुन्नी बेगम बेहोश हो गईं और बनफशा बेगम अपने शौहर को मार से रिझाकर अपने यहाँ ले आईं और कमरे में ताला डालकर हर वक्त अपनी नज़रों के सामने रखा।

इस तरह बनफशा बेगम के नूरेनज़र टुन्नू मियाँ पैदा हुए।

बाद में मुन्नी बेगम और दुल्लू नवाब कभी मिल न सके। उधर वो मरीं, इधर ये मरे। इलाके लुट गए, बाकी कर्ज़ में गए। अब बनफशा बेगम हैं, उनके लख्तेजिगर टुन्नू नवाब हैं। कल्लो पीर अली हैं। दो आमों के बाग हैं, थोड़ी-सी खेती है—न किसी से लेना न देना, न कहीं जाना न आना। इतने बरसों में बनफशा बेगम बहुत मजबूर होकर एकाध बार ही किसी रिश्तेदार के यहाँ जाने के लिए ड्योढ़ी से बाहर गईं। मगर टुन्नू मियाँ ने तो जब से पैदा हुए तब से आज तक कभी बाहर की दुनिया में कदम ही नहीं रक्खा। खुदा के फ़ज़ल से दाढ़ी-मूँछें निकल आई हैं मगर टुन्नू नवाब अब तक दुधमुँहे बच्चे ही हैं, बेगम साहब या कल्लो महरी उन्हें अपने हाथ से खिलाती हैं। इनकी जैसी देखभाल होती है वैसी हर माँ अपने बच्चे की कर नहीं सकती। आसेबी बचावों के लिए गण्डे-तावीज़ों से मढ़े हैं, सर्दी से बचाव के लिए कपड़ों के गिलाफ पर गिलाफ चढ़ाए जाते हैं। धूप से बचाव के लिए खिड़की-दरवाज़े बन्द रक्खे जाते हैं, गरज कि हर जतन से, हर हवा से बचा के रक्खे जाते हैं। तिसपर भी कोई न कोई बीमारी लगी ही रहती है, टुन्नू मियाँ दुबलाए जाते हैं।

साल-भर से नज़ला बिगड़ा हुआ है, कभी बुखार, कभी जुकाम। जब हर तरह से हार गईं तो पीर अली को किसी ने सलाह दी कि पाँच बड़े डाक्टरों की कुमैटी बुला लो। बेगम साहबा फौरन राजी हो गईं। चौंसठ और बत्तीस रुपए की फीसों वाले डाक्टर आए। आला लगा के देखा। हर बात सुनी। आपस में से अंग्रेजी बोले, फिर चौंसठ रुपए वाले बड़े डाक्टर ने कहा, ''साहबज़ादे को मर्ज़े-जवानी है। इलाज यही है कि इनके वास्ते जल्द से जल्द चाँद-सी दूल्हन ला दीजिए।''

''ऐ है! खाक धूप पड़े इन अल्लामारों की पढ़ी-लिखी अक्ल पर। बिगड़े हुए नज़ले-जुकाम का बुखार है और कहते हैं कि मर्ज़े-जवानी है। शैतान के सौ-सौ दुर्रे इन मुओं की पीठ पर—मेरे बच्चे को नज़र लगाते हैं। उसकी उठान नहीं देखी जाती इनसे। पीर अली, खड़े क्यों हो, इन्हें फौरन यहाँ से हटाओ, फीस के रुपए मैं नीचे दीवानखाने में भिजवाती हूँ।''

सोलह और बत्तीस वाले डाक्टरों की त्यौरियाँ तो चढ़-चढ़ गईं, मगर चौंसठ वाले डाक्टर साहब मुस्कराते ही रहे। दरवाज़े के पीछे से जब बेगम साहबा की बिजलियाँ कड़कना एक थमाव पर आया तो डाक्टर टुन्नू नवाब से बोले, ''नवाब साहब, हम भला आपको नज़र लगा रहे हैं। नज़र तो बच्चों को लगती है मगर आप तो जवान हैं—ये देखिए, हमारे डाक्टर मोहसिन की तरह। अगर आपकी वालिदा आपको गलत लाड़ की वजह से बच्चा न बनाए रखतीं तो अब तक आप दो बच्चों के बाप हो जाते।''

सत्ताईस-अट्ठाईस बरस के बच्चे टुन्नू नवाब सुन-सुनकर कभी शरमाते, कभी खिः-खिः-खिः हँसते, कभी मुँह में उंगली देकर ताज्जुब में पड़ जाते। डाक्टर रिज़वी भी हँसकर बोले, ''अरे बरखुरदार, ये सन्' 57 है—सन् उन्नीस सौ सत्तावन ईस्वी—समझे म्याँ। इन्कलाब करो, ये चेहरे का जंगल साफ कराओ, शहर में जाकर रहो, गजिंग करो, सिनेमा देखो, मुहब्बत के गीत गाओ...''

दरवाज़े की आड़ में बनफशा बेगम रोने, गरजने और कोसने लगीं। बड़े डाक्टर ने साहबजादे से कहा, ''अगर आपकी वालिदा माजिदा आपको जबर्दस्ती नन्हा-मुन्हा बनाएँ तो मुझे खबर कीजिएगा, मैं उन्हें पागलखाने भिजवा दूँगा।''

इस बात पर तो कहर बरपा हो गया, मगर बनफशा बेगम फिर टुन्नू नवाब को अपने बस में न कर सकीं। उन्होंने आठों पहर का रोना-मचलना ठाना—सैर, करेंगे, बाहर जाएँगे, दुल्हन लाएँगे।

अम्मीजान के लिए यह नई मुसीबत आई। एक बार पीरअली को साथ लेकर खुद सिनेमा दिखा लाईं मगर वह तो रोज़-रोज़ मचलने लगे। हर बार इस बुढ़ापे में बेगम साहबा बेचारी कहाँ तक सिनेमा देखें, कहाँ तक सैर करें। हर जगह वह जा भी नहीं सकतीं और लड़के को नज़रओट भी नहीं किया जाता। सबसे बड़ी मुसीबत तो दुल्हन थी। कोई रिश्ता ही न मिलता था। रिश्तेदार आला खानदान के लोग टुन्नू मियाँ को अपना दामाद बनाने को राज़ी ही न होते थे, कहते थे कि भेड़िए की माँद में पला बच्चा है, न आदमियों की बोली समझे न चाल ढाल।

खैर, बमुश्किल तमाम एक करीब मगर शरीफ की लड़की से रिश्ता तय किया। धूमधाम से बारात आई। बनफशा बेगम ने दिल खोल दिया। चाँद-सी दुल्हन घर आ गई।

मगर बेचारी बनफशा बेगम की किस्मत में सुकून तो लिखा ही नहीं है। शादी के बाद हफ्ता-भर भी न बीता था कि दुल्हन के पेट में दर्द उठा। बेचारी तड़प-तड़प गई। फिर वही बड़े-बड़े डाक्टर आए, कहा कि अस्पताल में आपरेशन होगा। और जब आपरेशन हो गया तो डाक्टर बोले, "बेगम साहबा, आपकी दुल्हन तो अब लड़की से लड़का हो गई है। नवाब साहब के लिए नई बेगम तलाश कीजिए।"

बेगम साहबा रो-रो मरीं। उनका जीना मुहाल हो गया। एक दिन हारकर बड़े डाक्टर के यहाँ गईं, पाँच हज़ार के नोट उनके आगे रखकर कहा, "मुझ बेकस-लाचार पर रहम खाइए। जैसे आपने उस लड़की को लड़का बना दिया, वैसे ही मेरे टुन्नु को टुन्नी बजा दीजिए। वरना मुझे ज़हर दे दीजिए। ये अगर लड़का रहेगा तो अपने बाप का बदला मुझसे यों ही लेता रहेगा। मैं आजिज़ आ गई हूँ।"

डाक्टर साहब को उन्हें समझाने में लेने के देने पड़ रहे हैं मगर बनफशा बेगम हैं कि उनका दामन ही नहीं छोड़तीं।

हाजी कुल्फीवाला

जागता है खुदा और सोता है आलम।
कि रिश्ते में किस्सा है निंदिया का बालम॥
ये किस्सा है सादा नहीं है कमाल॥
न लफ़्ज़ों में जादू बयाँ में जमाल॥
सुनी कह रहा हूँ न देखा है हाल॥
फिर भी न शक के उठाएँ सवाल॥
कि क़िस्से पे लाज़िम है सच का असर॥
यहीं झूठ भी आके बनता हुनर॥
छापे का किस्सागो अर्ज़ करता है कि–

एक है चौक नखास का इलाका और एक हैं हाजी मियाँ बुलाकी कुल्फीवाले। पिचासी-छियासी बरस की उमर है; दोहरा थका बदन है। पट्टेदार बाल, गलमुच्छे और आदाब अर्ज़ करते हुए उनके हाथ उठाने के अन्दाज में वह लखनऊ मिल जाता है जो आमतौर पर अब खुद लखनऊ को ही देखना नसीब नहीं होता। किसी ज़माने में हाजी मियाँ बुलाकी की बरफ और निमिष खाने के लिए गोंडा, बहराइच, बलरामपुर, कानपुर और दूर-दूर से रईस शौकीन गर्मी-सर्दी के मौसमों में दो बार लखनऊ तशरीफ लाते थे। बुलाकी की बदौलत चार नाचने-गानेवालियों, उनके लगुए-भगुओं और चार किस्म के सौदागरों का भी भला हो जाता था। बुलाकी मियाँ ने हज़ारों रुपए पैदा किए। पक्का दो-मंज़िला मकान बनवाया। दो बार हज कर आए। पहले लड़के और फिर लड़की की शादी धूमधाम से की। न लड़की रही न लड़का; पन्द्रह-बीस बरसों के आटे-पाटे में हाजी पिस गए।

लड़की का गम लड़के के दम पर सह लिया। लड़का भी ऐसा होशियार था कि बाप का नाम दोबाला किया। सत्रह-अठारह साल हुए, एक दिन राह चलते

हार्टफेल हुआ और चटपट हो गया। अपने पैरों घर से गया था; पराये हाथों उठकर उसकी लाश आई।

साल-डेढ़ साल तो गम में टूटे-सिमटे बदहवास बैठे रहे मगर फिर पोतों के मुँह देखकर हाजी बुलाकी मियाँ ने अपना जी कड़ा किया। सोचा कि घर से निकालकर खाते-खाते तो एक दिन कारूँ का खजाना भी चुक जाता है, फिर बाद मेरे इन बच्चों का क्या होगा? इसलिए हाथ-पैर गो थके ही सही, मगर जब तक चलते हैं तब तक पुराने हुनर से इतने जनों का पेट क्यों न भरूँ–कुल्फियाँ धोने और दूध वगैरा औटाने-भरने के चक्कर में बूढ़ी का ध्यान बँटेगा, दुलहिन का वक्त कटेगा, बच्चों के पेट में बहाने से कुछ न कुछ दूध-मेवा भी पहुँचता रहेगा और मेरा भी बाहर निकलना हो जाएगा–अब और किया क्या जाए?

इस तरह एक दिन बादाम, पिस्ता, चिरौंजी, इलायची, ज़ाफरान, शकर, संतरे और अनारों का सौदा कर लाए; दूध, रबड़ी, बालाई लाए, कुल्फियाँ धोईं, कढ़ाव चढ़ाया। उन्नीसवीं सदी में उस्तादों की चिलमें भर-भर के सीखे हुए हुनर के हाथ रच-रचकर दिखलाए। फिर हाजी बुलाकी मियाँ की तजुर्बेकार बीवी उम्र-भर के सधे हाथों से डले में कुल्फियाँ सजाने बैठीं। बरफ भरकर हाँड़ी हिलाई। तब तक हाजी बुलाकी मियाँ ने पुराने वक्तों में रईसों-नवाबों और अंग्रेज़-हिन्दुस्तानी हाकिमों से मिले सर्टीफिकेटों का रजिस्टर निकाला। यह चमड़े का रजिस्टर वजीरे ने मरने के कुछ ही दिनों पहले कानपुर से पिचहत्तर रुपए में बनवाया था। हर पुश्त पर दो सर्टीफिकेट चमड़े के फ्रेम में मढ़ दिए। उसमें न टूटनेवाले कागज़ी काँच भी जड़े हैं। अब्बा को अपने ये सर्टीफिकेट बहुत प्यारे हैं, इसलिए वज़ीरे यह कीमती रजिस्टर बनवाकर लाया था। हाजी उस दिन फूले न समाए थे, आज उस दिन को रोए। फिर अपने को संभाला, कहीं बूढ़ी न देख ले। उजला कुरता, चूड़ीदार पाजामा और टोपी पहनी। मज़दूर को बुलवाया, डला उसके सिर पर लादा और करीब सत्रह-अठारह बरसों के बाद अल्लाह का नाम लेकर कुल्फियाँ बेचने निकले। इस बार बूढ़े-बूढ़ी दोनों एक-दूसरे की आँखों को आँसुओं के हमले से न बचा सके। परदे की ओट में दुलहिन भी रो पड़ी। उसकी सिसकी सुनकर हाजी बुलाकी तेज़ी से बाहर चले आए। गली से बाहर आकर नखास-बाज़ार में पहली आवाज़ लगी, 'कुल्फी मलाई की बरफ!' गला भर-भर आया।

दूसरी आवाज़ में ही बुलाकी मियाँ ने अपने-आपको संभाल लिया। वह इन्सान ही क्या जो मुसीबत न झेल सके। घंटे के हिसाब से एक इक्का तय किया और उम्र-भर के बरते हुए बाज़ार को छोड़कर हज़रतगंज, जापलिंग रोड

और पंचबंगलियों की तरफ चले। हिन्दुस्तान को आज़ादी बस मिलने वाली ही थी। नया दौर शुरू हो चुका था। एक आला हाकिमे-ज़माना के वालिद बुज़ुर्गवार का दिया हुआ सर्टीफिकट भी उनके रजिस्टर में मौजूद था। उन्हीं की कोठी का नम्बर पूछते-पूछते जा पहुँचे। इक्का कोठी से बाहर ही खड़ा करवाया और रजिस्टर लिए अन्दर गए। अर्दली से पूछा तो मालूम हुआ कि साहब पीछे वाले बगीचे में फुरसत से बैठे हैं। अर्दली को दुआएँ दीं और कहा कि ज़री ये खत हुज़ूर की खिदमत में पेश कर दो; मेरे बुढ़ापे पे तरस खाओ। अर्दली को रजिस्टर खोलकर दिया और खत पर हाथ रखकर बतला भी दिया। हाकिमे-ज़माना बाप की लिखावट बरसों बाद अचानक देखकर बहुत खुश हुए, रजिस्टर के दूसरे सर्टीफिकट पढ़ने लगे, फिर बुलाकी मियाँ को बुलवा लिया।

हाजी बुलाकी मियाँ महज़ खालिस माल से ही नहीं बल्कि अपनी बातों और अदब-कायदे से भी ग्राहकों को खुश करते हैं। हाकिमे-ज़माना, उनकी बेगम साहबा और दोनों जवान बेटियों के हाथ में तश्तरियाँ पहुँची नहीं कि हाजी बुलाकी ले उड़े: "कुल्फी में हुज़ूर दूध औटाने और शकर मिलाने में ही सिफ्त होती है। कुल्फी की तारीफ तो तब है जब कि यहाँ खोली जाए और बनारसी बाग में जाकर खाई जाए। इतनी देर में अगर कुल्फी गल जाए तो फिर हुज़ूर वह शौकीनों के खाने काबिल नहीं। और बात सरकार यहीं तक नहीं, कुल्फी जमाने के फेर में अगर इतनी बरफ डाल दी कि खानेवाले के दाँत गले और ज़बान ठिठुरी तो फिर हुज़ूर सिफ्त क्या रहो! आजकल के कुल्फी वाले लखनऊ के पुराने हुनर को नहीं जानते। हमारे उस्ताद ने सिखाया था कि अव्वल तो ये समझो कि कुल्फी में तरावट किस चीज की है, बरफ की या दूध, मलाई, रबड़ी, फलों, मेवों की। यही तो पकड़ की बात है बेगम साहबा, अल्लाह आप सबको जीता रक्खे। माल को हुज़ूर तरावट इतनी ही देनी चाहिए कि उसपर से मौसमे-गर्मी का असर हट जाए। अगर दाँत गले तो परखैया परखेगा क्या?"

पढ़ी-लिखी लड़कियों और हाकिमे-आला पर बातों का असर होने लगा। बुलाकी मियाँ ने लड़कियों की ओर मुखातिब होकर सुनाया, "आपके जन्नतनशीं दादाजान को खुश करना हरएक के बस की बात न थी, हुज़ूर मेरी बात के गवाह होंगे। आपके दादाजान एक बार छोटे लाट साहब के यहाँ खाना खाने गए थे। वहाँ मुर्ग-मुसल्लम की बड़ी तारीफ हो रही थी। कई और अंग्रेज़ हाकिम थे। शहर के कुछ रईस नवाब भी थे। सभी लाट साहब के बावर्ची के लाम बाँध चले। आपके दादाजान खामोश बैठे रहे। लाट साहब बोले कि नवाब साहब आपने तारीफ

नहीं की। आपके दादाजान ने फरमाया कि हुज़ूर, तारीफ के काबिल कोई चीज़ तो हो। फिर उन्होंने अपने यहाँ सबको दावत दी। साहबज़ादियो, मेरी बात के चश्मदीद गवाह हमारे सरकार यहाँ तशरीफ-फर्मा हैं। जहाँ तक मुझे ध्यान है, हुज़ूर उस वक्त कोई दस या ग्यारह साल के रहे होंगे।...''

इसके बाद हाकिमे-ज़माना और उनका खानदान हाजी बुलाकी मियाँ का अज़सरेनौ सरपरस्त हो गया। फिर कोई शानदार कोठी-बंगले वाला हाजी बुलाकी की कुल्फियों से महरूम न रहा। हाजी बुलाकी की कुल्फी और निमिष का शुमार भी लखनऊ के कल्चर में हो गया। विदेशी मेहमानों को लखनऊ आने पर चिकन के कुरते, दुपलिया टोपी, रूमाल और साड़ियाँ, मिट्टी के खिलौने और मशहूर इत्रों के तोहफे तो दिए ही जाते थे, हाजी बुलाकी की कुल्फी या सर्दियों में निमिष भी खिलाई जाने लगी। अंग्रेज़ी के अखबारवालों ने उनकी तस्वीरें तक छापीं। साल-भर में हाजी साहब का कारबार चल निकला। जो पहले की आमदनी के मुकाबिले में अब चौथाई भी न होती थी क्योंकि इनाम-इकराम देने वाले रईस अब नहीं रहे, पर ज़माने को देखते हुए हाज़ी साहब की रोज़ी सध गई। मुनाफे के लालच में माल निखालिस न किया, इज्जत और नाम पर डटे रहे। धीरे-धीरे दो पोतों को हाकिमे-ज़माना की बदौलत मुस्तकिल चपरासियों में भरती करवाया। मुहल्ले-पड़ोस और रिश्तेदारो के कई लड़कों को छोटे-मोटे काम दिलाए। बड़ी इज़्ज़त बढ़ गई। खुदा का शुक्र है, बूढ़ी ज़िन्दा है, बहू है, बड़े पोते की बहू है। अल्लाह के फज़लो-करम से उसके आगे भी दो बच्चे हैं। छोटे पोते की शादी भी पारसाल कर दी मगर वह लड़की बड़ी कल्लेदराज़ है। सुख-चैन के चाँद में बस यही एक गहन लग गया है वरना हाजी बुलाकी अब गम भूल चुके हैं।

एक दिन किसी वक्त की नामी नाचनेवाली मुश्तरीबाई का आदमी उन्हें बुलाने आया। हाजी दोपहर के वक्त उसके यहाँ गए। उन्होंने मुश्तरी को बच्ची से जवान और बूढ़ी होते देखा था। उसका ज़माना देखा था कि रईसों-नवाबों के पलक-पाँवड़ों पर चलती थी। अब भी पुरानी लाखों की माया है मगर जमाना अब तवायफों का नहीं रहा। लड़कियों को बी. ए., एम. ए. पास कराया है मगर अब गाड़ी आगे नहीं चलती। दरअस्ल मुश्तरी चाहती है कि दोनों की कहीं शादियाँ कर दे। यही नामुमकिन लगता है। हारकर दोनों को आदाब-तहज़ीब सिखाई और थोड़ी बहुत नाच और गाने की तालीम भी दिलवा दी है। कचोट लड़कियों के जी में भी है, मुश्तरी के मन में भी। आजकल सहारनपुर का एक रईसजादा दोनों लड़कियों का नया-नया दोस्त हुआ है। उसे शादी करने से एतराज़ नहीं क्योंकि

उसकी माँ एक योरोपियन नर्स थी, जिसे उसके वालिद ने मुसलमान बनाकर अपनी कानूनी बीवी बनाया था। वह लड़का जब लखनऊ आता है तो फलाँ-फलाँ अफसर के घर मेहमान होता है। उनके यहाँ हाजी की निमिष खा चुका है, हाजी को जानता है। मुश्तरी हाजी बुलाकी की बातों के कमाल को जानती है। बाप की तरह उनके पैर पकड़कर कहा, "उस लड़के को अपने शीशे में उतार लें हाजी साहब तो बड़ा सबाब होगा। मैं जानती हूँ, आयन्दा ज़माने में ये जिन्दगी इन लड़कियों से न सधेगी। अब इस पेशे में इज़्जत नहीं रही। एक से पार पाऊँ तो दूसरी के हाथ पीले करने का रास्ता खुले।"

हाजी बुलाकी मान गए। दूसरे दिन शाम को मुश्तरी के यहाँ जा पहुँचे। बड़ी आवभगत हुई। सहारनपुरी रईसज़ादा वहाँ मौजूद था, दोनों लड़कियाँ तो थीं ही।

हाजी ने गले में हाथ डालते हुए कहा, "छोटे सरकार, खाना-पहनना और इश्क करना यों तो परिंदे-दरिंदे तक जानते हैं, मगर इनमें तमीज़ रखने और हज़ार पर्तें छानकर इनकी खूबी और अस्लियत पहचानने की कूवत अल्लाह ताला ने सिरिफ इन्सान को ही अता फरमाई है। वो भी हरएक को नसीब नहीं। आपको अपने लड़कपन का हाल सुनाता हूँ। कोई सोलह-सत्रह बरस की उमर होगी मेरी। उस्ताद के साथ जाया करता था। एक बहुत बड़े ताल्लुकेदार थे। लम्बा-चौड़ा डील-डौल, गोरा सुर्खाबी बदन और उनकी बड़ी-बड़ी आँखें हसीन नाज़नियों के लिए चुम्बक थीं। आला ईरानी खानदान के, पुश्त-दर-पुश्त से पोतड़ों के रईस थे। मगर आम रईसों की तरह भोले-भाले न थे। उनके दो आँखें ऊपर थीं तो चार भीतर थीं। सबका राज लेकर किसी को अपना राज न देते थे। अपने जमाने के पक्के खिलाड़ी थे। सरकार, हज़ारों ने घेरा उन्हें, सैकड़ों ने रिझाया, जाल-कंपे डाले मगर जिस तवायफ का मैं जिकर कर रहा हूँ वह अपने जमाने की नामी और हसीन थी। दिल में तमन्ना रखकर भी उसने कभी मुँह से कुछ न कहा। नवाब साहब उसकी खिदमतों को समझते रहे। जब खूब परख लिया तो उसे निहाल भी कर दिया। बाकी सब मुँह देखती ही रह गईं। फिर ऐसा भी वक्त आया कि नवाब साहब अपने चचा से मुकदमा लड़कर अपनी कुल इस्टेट हाई कोरट में हार गए। तब उस तवायफ ने कहा कि जानेमन, तुम हो मेरे, ये ज़ेवर, दौलत और जायदाद मेरी नहीं है। इससे लन्दनवाली अदालत तक मुकदमा लड़ो और सुर्खरूई हासिल करो। यही हुआ भी। नवाब साहब फिर मालामाल हो गए। बाद में नवाब साहब ने उस तवायफ से पूछा कि तुमने मुझमें ऐसा क्या देख

लिया जो औरों की नज़र न पड़ा। तवायफ बोली, "मैंने देखा कि तुम उतावले नहीं बल्कि पारखी हो और इन्साफ-पसन्द हो। बस इसके सिवा फिर कुछ देखने को नहीं रहा।" इस पर नवाब साहब ने उससे कहा, "सैलाबे-इश्क अब अपनी हद पर है। अब मैं तुम्हें अपनी नौकर तवायफ की हैसियत से नहीं देख पाता। तुम मेरी मलिका हो।" बाकायदा हुज़ूर निकाह पढ़वाकर उसे अपने महलों में ले गए। तो इश्क इसे कहते हैं। हर चीज़ हुज़ूर समझदारी माँगती है। अब कुल्फियों को ही ले लीजिए—एक-एक ठंडा रेशा मुँह की गर्मी पाते ही पहले तो खिले और फिर धीरे-धीरे घुलता जाए। ज्यों-ज्यों घुले त्यों-त्यों मिठास बढ़ती जाए। जो खुशबू या जो मसाले डाले हों वे अपनी जगह पर बोलें।...यही मज़ा इश्क का भी है। सरकार का रुतबा आला है मगर उम्र में हुज़ूर मेरे बच्चों के बच्चे के बराबर हैं। मेरी बातें आज़मा देखिएगा।"

हुज़ूर पर हाजी की बातों का सुरूर गँठने लगा। हाजी बुलाकी कुल्फियाँ खिलाते चले। लड़कियों और मुश्तरी की तारीफ करते चले, "लड़कियाँ रतन हैं मगर खुदा के इन्साफ से जिस पेशे में जन्म लिया है उसमें बेचारियों को बेकुसूर घुटना होगा। कहाँ तो ये पढ़ी-लिखी तहजीब-याफ्ता लड़कियाँ, और कहाँ आज के जमाने का दोज़ख।...

"हुज़ूर, यह मुश्तरी बड़ी नेक लड़की है। इसने अपना जमाना देखा है। मगर मैं इसके मुँह पर कहता हूँ कि अभी भी लड़कियों का मुँह देखकर इस फिराक में हैं कि इनकी शादियाँ हो जाएँ। मगर खुदा मेरी इन बच्चियों को हर खतरे से बचाए, महज़ बात के तौर पर ही कह रहा हूँ कि बाद में हारकर यही मुश्तरी लड़कियों से कहेगी कि पेशा करो, यारों को ठगो और अगर मेरे कहे मुताबिक तुम लोग नहीं करोगी तो घर से निकलो। अरे हुज़ूर, झूठ नहीं कहता, अपनी लड़कियों के हक में इन नायकाओं से बढ़कर कोई बुरा नहीं होता। रुपयों की लूट के पीछे दीवानी ये और कुछ भी नहीं सोचतीं। आपको एक किस्सा सुनाता हूँ गरीब-परवर। एक नौजवान रईस थे। एक तवायफ से दिल मिल गया। उसे निहाल कर दिया। मगर नायका का पेट इतने से ही न भरा। एक और बूढ़े भोंदू रईस को भी फँसा लिया। लड़की लाख कहे कि अम्माँ मुझसे बेवफाई न कराओ मगर अम्माँ झिड़क-झिड़क दें। कहें कि ऐसा सदा से होता आया है। खैर हुज़ूर, होते-करते एक दिन नौजवान रईस को भी पता चल गया। वह चार गुंडों को लेकर उसके कोठे पर चढ़ आया। तवायफ की नाक काटी, बूढ़े की तोंद में करौंली घुपी। बड़ा बावेला, तोबा-तिल्ला मचा। खैर, किस्सा खत्म हुआ मगर बेचारी लड़की

नाक कटने के बाद दीनो-दुनिया, किसी अरथ की न रही। बतलाइए, भला उसका क्या कुसूर था जो ये सज़ा पाई। यही न कि तवायफ के घर पैदा हुई थी; इसलिए अपने आशिक से शादी न कर सकी और अपनी नायका-अम्माँ के बस में उसे रहना पड़ा। मैं ऐसी-ऐसी सैकड़ों मिसालें दे सकता हूँ। इस बच्ची की सूरत देखकर तरस आता है। अब तो सरकार भी यह पेशा खत्म कर रही है। खुदा इन पर रहम करे।''

बातों का सिलसिला बढ़ाते रहे, और दो-तीन रोज़ में ही लड़का राज़ी हो गया। मुश्तरी अब हाजी बुलाकी के पाँव पकड़ती है, कहती है, दूसरी की शादी भी करवा दो तब घर बैठकर खुदा का नाम लेना।

लेकिन अब एक मुश्तरी की लड़कियाँ ही नहीं, कई और भी हाजी साहब से नई ज़िन्दगी माँगती हैं। हाजी दिल ही दिल में परेशान रहते हैं कि सबको कहाँ पार लगाएँ।

जुलाब की गोली

"कल तो जनाब वो हंगामा मच गया कि उफ! उफ!! अजी बस पूछिए मत! वह तो कहिए कि खुदा ने कुछ नज़र-बन्द से बचा ही लिया—मौके पर हम न थे—वरना तलवारों पर मूठें ही बचतीं या धड़ों पर सिर ही सलामतियाँ मनाते नज़र आते।

"सुना साहब चौक में गुल खिला।" एक ने कहा, 'कोठा उलट गया।' दूसरे ने उसमें कुछ सुधार किया, कहने लगे, 'अजी नहीं भाईजान उलटा नहीं, बस उलटकर रह गया।' तीसरे तशरीफ लाए, दिल पर हाथ रक्खा, ज़रा-सी एक सर्द आह खींची, कुछ आँखों में नमी थी, कुछ गले में गुबार उभरे थे, बोले, 'हाय! छुन्नन कोठे से गिर पड़ी। बीच बाज़ार में कई सिरों पर गिरी। दिल था सो उछल के निकल पड़ा, आँखें जो फिरीं तो फिर मिलना नसीब न हुआ, धुरपद का खयाल गले में अटक के ही रह गया। उसके सच्चे आशिकों ने जो सुना तो इस वक्त खबर यह है कि अपने-अपने घरों में उनकी लाशें फाँसी के फंदों में लटक रही हैं।"

"बी छुन्नन का नाम! और हमारा नाम उसके आशिकों की लिस्ट में। अजी सुनना था कि दिल पे बन आई। अब लाख-लाख सर्द आहें निकालने की कोशिश कर रहे हैं, आँखों में सावन-भादों बसाना चाहते हैं, मगर जान है कि कम्बख्त निकलने को नहीं आती। इधर आशिकों के नाम पर बट्टा लगता है, और घर में फाँसी लगाने लायक जगह नहीं। इरादा यह भी हुआ कि खबर लानेवाले साहब को हलाल करके रख दें। सरकार खुद ही हमारे लिए फाँसी का इन्तज़ाम कर देगी। वह तो कहिए कि हज़रत किस्मत के धनी निकले। हम पैदाइशी बेकार हैं, सब्जी बनती ही नहीं, घर में छुरी रक्खी ही किसलिए जाए? और अब तो खुदा के फज़ल से चेहरे पर नूर भी है। पनामा ब्लेड क्या, उसकी एक किर्च भी पास में नहीं। बच गए।

''गम का यह हाल कि उमड़ता ही चला आया, गोया समन्दर हो और हम थे कि उस जमाने की याद कर-करके मजनूँ हुए जाते थे। जब जवानी का नया दौर ही चला था और छुन्नन का नाम हमारे कानों में बंसी की तरह बजता था–एक दिन महफिल में छोटे नवाब की बदौलत दूर से देख भी लिया था और सीने में एक लोटन-कबूतर पाल लाए थे।

''वो उसके जिगर को चीरकर निकली हुई चीख! हाय! एक-एक लफ्ज़ अब तक मिस्ले-तावीज़ दिल पर नक्श है।

''तुम अइयो कान्हा नदिया किनारे मोरा गाँव।''

''अजी गया; मगर जाने से क्या होता है–चौक के चौराहे पर पनवाड़ी की दूकान के सामने दुन्नी उस्ताद मिल गए। उनसे कहा कि भई तुम दो दिलों को जोड़ने के लिए सरेस बन जाओ। बोले, ''मियाँ सोना महँगा है। पचास का भाव है, दस-पाँच और लगे-लिपटे में।''

''मन मसोस के रह गया। बेकारी तीन पुश्त से विरासत में चली आ रही है। हम तो खम ठोक के सरे-बाज़ार पुकारते चलते हैं कि हमें कोई ऐरा-गैरा न समझना, खानदानी बेकार हैं जनाब। कभी हमारे पुरखे भी गोटे-पट्ठे का काम करते थे। एक ही कारीगर थे। एक-एक गुलबदन निखर उठती थी। मगर जनाब, अब तो न गुल है न गुलाब है, फकत लेड़ियाँ हैं। गोटे-पट्ठे ठंडे पड़ गए लिपस्टिक की आमद में पान की लाली मुरझाई, केले की सिल्क चली और दस्तकारी साफ। अब तो हाल यह है दादियों के मुँह से उस ज़माने की गढ़न्ते सुनते हैं; कभी-कभी चूल्हे की खुराक के लिए पुराने बेल-फूलों के बचे-खुचे ठप्पे निकालते हैं तो वाजिदअली शाह के जमाने के 'धुन' सन् सत्तावन के गदर की याद कर बिलबिलाते हुए चूल्हे के जोशो-जज़्बात से दूर भागते हैं।

''बताइए फिर भला छुन्नन हमारे पास क्योंकर आती?

''एक बार सुना कि संवलिया नवाब की बारहदरी में छुन्नन छूम-छनन करेगी। धक्के खाए, गले में हाथ पड़े; वो प्यारी-प्यारी आवाज़ नसीब कहाँ, दरबान की गालियाँ अलबत्ता सुनीं। मगर वाह रे हम, किसी का एक भी भर्रा न चला। वहीं दीवार में दुबककर बैठे रहे। वो चिल्ले की रात फकत मजलिसी-रईसों के कीमती गर्म कपड़ों का ध्यान करके काट दी। बीच-बीच में छुन्नन के सुरीले गले की दाद जब दी जाती तो हम जी उठते। तबीयत इस तरह बाग-बाग हो उठती, कि हम गोया अपनी खास बीवी की ही तारीफ सुन रहे हों।

''तारों ने झपकी ली और महफिल उठी। रईस रुखसत हुए और हमारी आँखें बी छुनन के इन्तज़ार में छिप गईं। चिड़ियों ने चहकना शुरू किया। नवाब छुन्नन को डोले तक खुद पहुँचाने तशरीफ लाए। हमने झुककर सलाम किया। नवाब समझे, हमने उनकी इज्जत बढ़ाई। उन्होंने जवाब दिया। बी छुन्नन ने तभी एक बार हमसे भी नज़रें मिलाई थीं।

''वो दिन है और आज का रोज़–कलेजे में जो तीर धँसा तो अब निकलता ही नहीं। अब ये खबर जो सुनी तो क्या नाम है कि उस्ताद के कलाम का निचोड़, कि मौत तो किसी न किसी दिन आ ही मिलेगी मगर रात की नींद तो हमारे लिए छुन्नन हो गई!

''गम किसी तरह भी गलत ही न हो। इरादा किया, जाकर आखिरी बार की झाँकी लें, मगर सुना कि लाश कोठे पर उठ गई। बात सुनने के लिए जो सिर उठाया था सो उठाए ही रहे। फिर एक बात दिमाग में आई तो खुद उठे। गिड़गिड़ाते हुए जाकर बेगम से कहा, ''एक चवन्नी दे दो।'' बेगम खुदा जाने क्यों, उस दिन मुझपर मिहरबान थीं या क्या–बहरहाल बात-बात में चहकी पड़ती थीं! गमककर उठीं। पहले पान की दो बीड़ियाँ लगाकर खिलाईं; फिर कमर से बटुआ निकाल चार चेहरेशाही पकड़ा दिए।

''अजी ज़िन्दगी में न कभी देखी न सुनी। ऐसी सखावत कि राजा करन भी मात। अब साहब गम को तो किया ज़ेरे-पाकिट और चमक के पूछता हूँ, 'बेगम, मुझे?'

''मुस्कुरा के बोलीं, हाँ!''

''अब हम हैं कि कलेजा थामे खड़े हैं और लक-लक बेगम के चेहरे पर आँखें चिपकी हैं।

''और कैसे अर्ज़ करूँ कि अपने मुँह से कहते शर्म आती है। आप कहेंगे कि अपने माल की आप तारीफ की। मगर असलियत यह है कि अगर तवायफ होती तो हिन्दुस्तान के नौजवान कट मरते और शाहजादी होती तो अब तक दुनिया के शाहंशाह कब्रों में आराम फरमाते होते। मगर किस्मत तो हमारी खुलने को थी कि अगर आज इससे शादी न होती या इसका ऐसा इखलाक न होता तो हज़रत, आज हमको कब्रिस्तान की ज़मीन नापे बरसों गुज़र गए होते। कुछ उसी की किस्मत है कि इज़्ज़त की दो रोटियाँ मिलती हैं। कभी गुनगुना देती हैं तो राग-रागनियाँ हाथ बाँधकर खड़ी हो जाती हैं। जब हँसती है तो यकीन मानें बिजली झेंपकर रह जाती है। खान्दान इतना ऊँचा कि बड़े-बड़े नवाब उसके

रिश्तेदार—कोई चचाज़ाद तो कोई बुआज़ाद भाई। रोज़ ही कहीं न कहीं जाना-आना। हम गरीब हैं इसलिए बहुत-से नवाब छिपकर हमारे यहाँ आते हैं। कुछ न कुछ अपनी बहन को दे-ले जाते हैं। यह जनाब उसका इखलाक है कि बड़े-बड़ों को घसीट लाता है। समझे कि नवाब छुट्टन, और नवाब बच्छन, और नवाब अच्छन और छोटे नवाब और कल्लन नवाब और बड़े-बड़े खांबहादुर और डिप्टी कलक्टर गर्ज़े कि कच्चे धागे में चले आते हैं सरकार बँधे। सलीके और फैशन की तो यह हालत है कि जब कभी दिल खुश करने के लिए ऊँची एड़ी का जूता पहनकर घर में छाता तानकर खड़ी हो जाती है तो बड़ी-बड़ी लेडियाँ उसके आगे पानी भरें। वैसे देखने में कुछ नहीं, एक फकत ज़री-सी जुलाब की गोली-सी है। कोई देखे तो कहे, ज़्यादा से ज़्यादा साढ़े बारह बरस ही होगी। मगर हमारा दिल तो छुन्नन के छपके में बिंधा है भाईजान, बेगम की तरफ कुछ खयाल ही कम जाता है।

"तो जनाब, जो उसने चार रुपए मुझे टिकाए तो मैं हक्का-बक्का हो पूछ बैठा, "बेगम, आज इतनी इनायत क्यों?"

"बोलीं, 'वो कलमुँही छुन्नन सुना गश खाकर कोठे से गिरी और काला मुँह कर गई। अब गुल्लन भाईजान के सिर की बला टली। मैं खुश हूँ।"

"मैं समझा। नवाब गुल्लन साहब भी बेगम के मामूज़ाद भाई हैं। छुन्नन पर जी-जान से फ़िदा। उनकी तमाम दौलत मेरी जान के कोठे में खिसकी जाती थी। इसे कुछ न कुछ मिलता था। इसी से बेगम छुन्नन से कटती थीं। मेरे दिल पर चोट तो लगी, मगर चुप रहा।..."

पूरे दो घंटे बाद मियाँ की मेल ट्रेन रुकी। यह कोई एक हफ्ते पहले की बात है। कम्पनी बाग में कोने की बेंच पर बैठा एक मज़मून लिख रहा था। अचानक यह महीन-से मियाँ तशरीफ लाए। पहले कुछ तकल्लुफ किया। बेमौके आ टपकने की मुआफी माँगी। मगर मजबूरी ज़ाहिर की—दिमाग परीशान होने की वजह से वह भी सन्नाटे की जगह बैठकर ठंडे होना चाहते थे। बेंच के एक कोने में बैठने की इजाज़त माँगी। फिर किस्से शुरू किए और फिर धीरे से इस आशिक-बयानी पर उतर आए।

थोड़ी ही में कह दूँ, हज़रत मुझसे फिर इस कदर खुश हुए कि उसी वक्त अपने घर चलने के लिए मजबूर किया। कहने लगे, "अगर आप तशरीफ न ले चले तो मैं समझूँगा कि गरीबों का दुनिया में कोई नहीं।"

लिहाज़ा साहब, मैं गरीबों का सब कुछ बन उनके दौलतखाने पर गया। गली, मकान सब कुछ वाजिब ही वाजिब था। मगर हम थे कि कुछ तकल्लुफ में बैठे बातें कर रहे थे। एकाएक हज़रत दो मिनट की इजाज़त लेकर कहीं बाहर गए।

इसी बीच में जनाब, दरवाज़े के पीछे फिरोज़ाबाद की कारीगरी झुनझुना उठी। पहले एक आवाज़ ने होश फना किए, फिर एक गोरे-से हाथ ने निकलकर मेरे दिल की हरकत बन्द की। हाथ में एक खत था, जो मुझे पढ़कर सुनाने के लिए दिया गया। खत जो पढ़ने लगा तो दिमाग की बातें झनझना उठीं।

...धीरे-धीरे...क्या अर्ज़ करूँ। बस, यही समझ लें कि अब मैं भी मियाँ की बेगम के रिश्तेदारों में हूँ। हफ्ते-भर में तीन बार तो अपनी इस खालाज़ाद बहन से मिल आया हूँ। रिश्तेदारी दिन-ब-दिन रंग पकड़ रही है जनाब!

खटकिन भाभी

खटकिन भाभी मुहल्ले की उस नेकबख्त तरकारीवाली का मशहूर नाम है, जिसके तीरे-नज़र का शिकार मुहल्ले के करीब-करीब सभी पचपन साला पेंशन-याफ्ता जवान अब तक हो चुके हैं।

एक दिन लाला बनारसीदास एक पैसे की मूली खरीदकर इकन्नी के बाकी तीन पैसे उससे लेना भूल गए तो लाला चुन्नीमल ने अपनी पैनी निगाह से लाला बनारसीदास के मोटे चश्मे की तरफ हिकारत की नज़र से देख, टेंट से एक दुअन्नी निकाल, खट से उसके टाट पर फेंककर कहा, ''कल जो तुमसे भिन्डी ले गए थे न।''

खटकिन भाभी ज़रा कुछ सोचकर बोली, ''भिन्डी? कल तो तुमने कुछ भी नहीं लिया था, लाला?''

चुन्नीमल ने अपनी सुरमीली नज़रों से उसकी ओर ताककर प्यार से कहा, ''अरे भाई बड़ी भुलक्कड़ हो तुम भी। कल सवेरे ही तो ले गए थे तुमसे एक पैसे की भिन्डी, दो पैसे के बंडे, चार पैसे की गाजर और एक पैसे की लौकी। अब यों पैसे भी भूल जाया करोगी तो बस दूकानदारी हो चुकी। तुम्हें जताए देता हूँ मुनियाँ, इस मुहल्ले के लोग साले बड़े चोर हैं। उधार देकर अगर भूलोगी तो बस...''

खटकिन भाभी ने मुस्कराकर गल्ले में दुअन्नी डाल दी।

इस मुहल्ले में आए हुए मुनिया को करीब-करीब तीन महीने हो चुके हैं, इस अरसे में अगर आप कभी चौक तशरीफ लाए होंगे, तो आपने ज़रूर ही गौर से फरमाया होगा कि उमाशंकर महाराज की दूकान पर अब तक दो किस्म के असली खिज़ाब के साइनबोर्ड लग चुके हैं। यह बात नहीं कि मुनियाँ के हुस्न पर घायल होने वाले महज़ वही लोग हैं जिनकी बदौलत 'ओकासा कम्पनी' अथवा

लंगूर मार्का खिज़ाब के संचालक आजकल सैकड़ों कर्मचारियों के बीवी-बच्चों का पेट भरते हैं, बल्कि मुनियाँ उनके गले में भी गेंद का हार बनकर इठला रही है, जिनके दिल के बुतकदे में हर वक्त शहनाई बजा करती है। यानी यह कि हमारे दोस्त सरूपचन्द भी अक्सर वहाँ पर अपना सेंट से बसा हुआ रेशमी रूमाल गिरा आते हैं।

शुरुआत यों ही, रफ्ता-रफ्ता, हुई थी। मुनियाँ अपनी साड़ी का पल्ला कन्धे पर डाले हुए ज़रा अदा से जा रही थी। सरूपचन्द उसकी इस मस्तानी चाल पर मरकर रह गए, फिर ज़रा लपककर उसके आगे से घूरते हुए निकले। सीने पर हाथ रखा, गर्दन लटकाई, एक ठंडी साँस निकल पड़ी और बस खेल खत्म। मुनियाँ न तो मुस्कराई, न ठुमकी। हाँ, उसने इन्हें देख-भर लिया, और वह भी लापरवाही के साथ।

दूसरे दिन सरूपचन्द उस गली से दो-तीन बार गुजरे। एक बार चिकन का चुन्नटदार कुरता पहनकर, एक बार शेरवानी और चूड़ीदार पायजामे में, और तीसरी बात पतलन की शिकन ठीक करते हुए।

तीसरे दिन, ठीक बारह बजे, जब मुनियाँ अपनी धोती सुखा रही थी, सरूपचन्द ने उससे पूछा, ''अरे भाई, आलू क्या भाव दिए?''

मुनियाँ ने इनकी तरफ देखकर कहा, ''चार पैसे सेर।''

''अमाँ गज़ब करती हो तुम तो। टके सेर तो मण्डी में बिकते हैं।''

''तो ले लो न जाके मण्डी में!''

सरूपचन्द ने मुस्कराते हुए कहा, ''मण्डी में जाएँ तो तुम हमें गालियाँ न सुनाओगी?''

''हमें क्या पड़ी बाबू, जो तुम्हें गालियाँ सुनाएँ! यह तो सौदा है, जहाँ पटे खरीद लो। हम तो चार पैसे सेर बेचते हैं।''

धोती सुखाते हुए मुनियाँ की करधनी में लटका हुआ गुच्छा बोला, 'झन्न।'

सरूपचन्द की दिल की सारंगी का तार टूट गया। ठंडी साँस ले बोले, ''अच्छा भाई, तुम मालिक हो, चाहे जो दाम ले लो।'' कहकर सरूपचन्द ने अपना रेशमी रूमाल उसकी डलिया पर फैला दिया।

तराजू पर आलू तौलते हुए मुनियाँ ने कहा, ''बाबू, रूमाल तो बड़ा अच्छा निकला।''

सरूपचन्द ने मुस्कराकर कहा, ''तुम्हें पसन्द है?''

तराजू रखकर मुनियाँ ने रूमाल हाथ में उठा लिया, फिर सतृष्ण नेत्रों से

सरूपचन्द की ओर देखकर बोली, ''इसमें तो खसबोय भी बढ़िया लगी है।''

उस दिन सरूपचन्द धोती में आलू बाँधकर घर लौटे।

इसके बाद चार दिनों में लगातार चार रूमाल उसकी दूकान पर धोखे से गिर पड़े और पाँचवें दिन तरकारी खरीदते वक्त वह ओटो दिलबहार की शीशी उसकी डलिया पर भूलकर चले आए।

एक-दूसरे को कनखियों से देखकर अल्हड़पन के साथ मुस्करा देना इसके बाद होना ही था, और यही हुआ भी। लेकिन दोस्ती बढ़ाने का बायस हुआ सिर-दर्द और उसकी दवा। मुनियाँ ने सरूपचन्द को समझ लिया।

गर्मी के मौसम में हम यह कह सकते हैं कि चोरी, डाके, खून और मुहब्बत करने के लिए दिन का वक्त जितना महफ़ूज़ रहता है, उतना रात का नहीं। तहखाने में चुपके से आनेवाली मीठी नींद को तलाक देकर हज़रत इश्क करने आ पहुँचे।

दरवाज़े पर दस्तक दे गली के दोनों तरफ देखकर धीरे से कहा, ''खोलो।''

एक अजीब किस्म की कांपती हुई आवाज आई, ''को आय?''

''अरे मुनियाँ है?''

चारपाई की चर-चर के साथ मुनियाँ की 'ऊँह' सुनाई पड़ी और दरवाजा खुल गया। सरूपचन्द झट से कमरे के अन्दर दाखिल हो गए।

कमर पर हाथ रखकर दरवाजे के पास खड़ी हुई मुनियाँ ने कहा, ''क्या है बाबू?''

उसकी चारपाई पर इतमीनान से लेटकर पंखा झलते हुए सरूपचन्द बोले, ''अरे किवाड़ बन्द करो जल्दी से।''

मुनियाँ ने तड़ से कहा, ''क्यों?''

सरूपचन्द बस हकलाकर रह गए।

''कैसे तकलीफ की?''

''अरे बड़ी दूर से चला आ रहा हूँ। बड़ी प्यास लगी है। जरा पानी तो पिला दो मेरी रानी।''

''देखो बाबू, ज़रा इतना आगे बढ़ो कि निभ जाए। पास ही तो पौसाल है। वहाँ पानी क्यों नहीं पी लिया?''

''भई पौसाल में हमसे नहीं पिया जाता। वो ब्राह्मण साला बाँस के नले से पानी पिलाता है।''

मुनियाँ पानी लाने चली गई और लुटिया उनके सामने बढ़ाते हुए कहा, ''तो यहाँ लुटिया में पीने के लिए चले आए। अच्छा लो।''

पानी पीकर सरूपचन्द ने जेब से रूमाल निकालते हुए कहा, ''मुनियाँ, जेब बड़ी भारी हो रही है। ये पाँच रुपए रख लो। फिर ले लूँगा।''

मुनियाँ कुछ बोली नहीं, चुपचाप हाथ बढ़ाकर रुपए ले लिए।

''एक पान खिला दो, मेरी रानी।''

मुनियाँ चुपचाप खड़ी रही। पीछे कोठरी में कोई कराहा। सरूपचन्द ने हक्का-बक्का होकर पूछा, ''कौन है?''

''अच्छा-अच्छा, घबराओ मत। शाम को दवा ले आऊँगा। एक पान खिला दो।''

मुनियाँ पान लगाने बैठ गई।

बुढ़िया ने आवाज दी, ''मुनियाँ, को आय?''

''डाक्टर साहब,'' मुनियाँ ने पान लगाते हुए जवाब दिया। सरूपचन्द खुश हो गए।

''हमरी दवा अब न होई। बेफजूल पैसा-टका खर्चा कर्‍यो तो खबरदार।''

''अरे अम्माँ, ई सरकारी डाक्टर साहब हैं, पैसा ना लेहैं।'' कनखियों से मुनियाँ ने सरूपचन्द की ओर देखा। सरूपचन्द को इतमीनान हो गया कि मुनियाँ अब उनकी हो गई। लपक के उसके पास जा बैठे और उसकी पीठ पर हाथ रख दिया।

पान पर चूना लगाते हुए मुनियाँ ने अपने दोनों कन्धे जोर से हिलाकर उनका हाथ गिरा देने की चेष्टा करते हुए धीरे से कहा, ''ऊँह, ये क्या करते हो?''

हवा के झोंके से दरवाज़ा ज़रा खुल गया था। मोटे-मोटे शीशों के चश्मे के अन्दर से गिद्ध की दृष्टि से ताकते हुए लाला बनारसीदास ने दो बार खंखारकर गरदन बढ़ाते हुए ज़रा लहजे के साथ कहा, ''मुनियाँ, नीबू हैं?''

मुनियाँ झपाके के साथ खड़ी हो गई।

सरूपचन्द का मुँह खुला का खुला ही रह गया।

करीब-करीब हम सब ही लोग यह जान चुके थे कि मुनियाँ अब हमारी अच्छी-खासी रिश्तेदार हो गई हैं। लिहाजा हम सब लोग अब उसे आपस में खटकिन भाभी के लकब से पुकारा करते थे।

मुन्ने महाजन की दूकान पर बैठे गपशप लड़ा रहे थे कि देखा, सामने से हँसते हुए सरूपचन्द चले आ रहे हैं।

"अरे भई बैठे हो? अभी किस बात पर हँस रहे थे तुम लोग?" सरूपचन्द ने आते ही पूछा।

"अमाँ नहीं जी, तुम्हें धोखा हुआ है। हम लोग तो दो घंटे से बैठे हैं; हँसी साली पास तक नहीं आई?" निहायत संजीदगी के साथ मुन्ने बोला, "मगर आज तुम्हारी आँखें बहुत ज्यादा लाल हो रही हैं!"

सरूपचन्द मस्ती में हँसते हुए बोले, "आज भरोसे ने चार पैसे की पत्ती छना दी। और कोई होता तो बाबूजी वहीं ढेर हो गया होता, मगर यह तो कहो कि हम हैं, चाहे दो आने की छन जाए, तब भी चेहरे पर शिकन तक नहीं।"

"और ये हाथ में क्या है?" हमने पूछा।

"दवा है, यार। वाइफ को जुलाब दिया जाएगा। कई दिनों से उनका पेट बस गड़बड़ ही चला जा रहा है। ऐसा कड़ा जुलाब है कि बस कुछ पूछिए मत। यह तो कहो कि मेरी वाइफ ही ऐसी हैं कि इसे भी हजम कर जाएँगी। निहायत ही सख्त मेदा है उनका।"

"और हमारी भाभीजान का मिजाज कैसा है?" शंकर ने दरयाफ्त किया।

सरूपचन्द बेसाख्ता हँस पड़े, "भई, यह भी खूब रही।"

सरूपचन्द ने फिर हँसी रोककर पूछा, "क्या बात है...यही कि भाभी साहब के मिज़ाज मुबारक..."

बात काटकर सरूपचन्द फिर हँस पड़े। बोले, "भई इस मिज़ाज की भी एक ही रही। कल से दस्त आ रहे हैं।" यह कहकर के वह फिर हँसने लगे। हमने समझ लिया कि आज भाग ने उनके ऊपर अपना पूरा-पूरा अधिकार स्थापित कर लिया है।

शंकर ने पूछा, "क्यों जी, किसे दस्त आ रहे हैं...भाभीजी को?"

"अमाँ यार, सब मज़ा किरकिरा कर दिया। बुढ़िया मरनेवाली है, उसे दस्त आ रहे हैं। यह देखो, उसकी भी दवा लिए जा रहा हूँ।"

भाँग के नशे में लाला सरूपचन्द अक्सर शे'र कहने लगते हैं, और उनका दावा है कि उनका कहा हुआ शे'र एकदम नायाब होता है। एक-दो मिनट तक मन ही मन कुछ गुनगुनाने के बाद सरूपचन्द खुद ही फड़क उठे, अहा भई, क्या लाजवाब मिसरा कहा है। मुलाहज़ा हो :

"उनकी फुरकत में हम हुए बेजार,
न रोते बने न हँसते बने।"

चारों तरफ से दाद दी जाने लगी, सरूपचन्द फिर गुनगुनाने लगे, "न न ना...ना...न ना ना ना न ना...

“हम तो आशिक हैं परीजादों के,
न जाते बने है न आते बने है।”

“अहा भई, वाह! बस, गज़ब कर दिया उस्ताद। इस वक्त अगर मिर्ज़ा गालिब भी सामने आ जाएँ तो तुम्हें अपना उस्ताद मान लेंगे। बस, यही सब बातें तो हैं ही, जिनकी वजह से खटकिन भाभी इन्हें मानती हैं, वरना लाला बनारसीदास क्या...?”

सरूपचन्द चमक उठे। कहा, “बस उस खबीस का नाम ही हमारे सामने न लेना। साला समझता है कि मुनियाँ उस पर जान दे रही है। किसी दिन अगर मौका लग गया तो साले को कच्चा ही चबा जाऊँगा। बुड्ढा बन्दर कहीं का।”

यह कहकर सरूपचन्द एकदम उठ खड़े हुए।

“क्यों, क्यों...खैरियत तो है?” हमने पूछा।

“बस अब चल दिए, भाईजान।”

“अमाँ अभी से? अरे बैठो भी।”

“नहीं भई, अब नहीं रुक सकता। बहुत-से काम हैं। अच्छा, जै राम जी की।”

और वह चल दिए।

कल शाम की एक मार्के की खबर यह है कि खटकिन भाभी की माता जी का प्राण-पखेरू इस कायारूपी पिंजड़े में ज़ोर से फड़फड़ाने लगा था। भाभी रोने लगीं। वह तो कहिए, उस मौके पर लाला बनारसीदास वहाँ तसल्ली देने के लिए पहुँच गए, वरना गज़ब ही हो जाता। अगर कहीं भाभी साहिबा को गश ही...उफ! लाला बनारसीदास बेचारे उसके रोने से इस कदर घबड़ा गए कि बस हद थी। अंधेरे में उसकी कोठरी की तरफ बढ़ते हुए जो चले तो डले से भिड़ गए। अगर कहीं दीवार का सहारा न लिए होते तो आप यकीन मानिए, इस वक्त उनकी क्या कैफियत हो गई होती।

“क्या हुआ, मुनियाँ रानी?” उन्होंने बड़े प्यार से पूछा।

मुनियाँ रानी रो रही थीं। “क्या हुआ मुन्नो?” अंधेरे में टटोलते लाला साहब इतना आगे बढ़ गए कि अम्माँ की खाट से जा टकराए।

“अरे-अरे, को आय?” अम्माँ चीख उठीं।

मुनियाँ ने लपककर लाला जी को दोनों हाथों से संभाल लिया। लाला साहब

के दिल की धड़कन का अन्दाज़ लगाकर कोई यह सुने कि लाला साहब फरमा रहे थे, ''क्या हुआ मुनियाँ, बताओ तो सही।''

सुबुकते हुए मुनियाँ ने बताया, ''सरूपचन्दर डाक्टर मरीपीटे ने न जाने कैसी दवाई दी कि अम्माँ के दस्त बढ़ गए।''

सुना है कि उसी वक्त लाला बनारसीदास ने सरूपचन्द को सैकड़ों गालियाँ सुनाने के बाद एक बत्तीस रुपए फीस वाले डाक्टर से दवा लाकर दी, जिससे खटकिन भाभी की अम्माँ को फायदा हुआ।

खबर है कि सरूपचन्द ने लाला बनारसीदास को चौक के चौराहे पर भँगी के हाथों पचास जूते लगवाकर हुक्के का पानी पिलाने का सरेआम एलान किया है।

और यह भी सुना है कि खटकिन भाभी...लेकिन जाने दीजिए, उनके बारे में हम अब कुछ भी नहीं कहना चाहते, क्योंकि वह अब रिश्ते में हमारी भाभी होती हैं।

हमारे पड़ोसी मुंशी बख्तावरलाल

मुंशी बख्तावरलाल उसी जात के एक रतन हैं जिनके यहाँ उर्दू और फारसी लौंडियों की तरह हर वक्त हाथ बाँधे खड़ी रहती हैं। ऐसा मशहूर है, और वह खुद भी दिन में हज़ार बार कहते हैं कि मलिके-ज़मानियाँ नवाब वाजिदअली शाह साहब, खुदा उन्हें जन्नत बख्शे, बिना इनसे पूछे पानी तक नहीं पीते थे। बकौल आपके, वह आपको अपने उस्ताद की तरह मानते थे; यानी कि बस हद हो गई कि जहांपनाह ने जो 'इन्दर-सभा' डिरामा लिखा था, उसकी इस्लाह आप ही से करवाई थी।

मुंशीजी हमारे पड़ोसी हैं। उनका कहना है कि उन्होंने इस खाकसार को बचपन में गोदियों खिलाकर इसकी इज़्ज़त अफ़ज़ाई की है। बहरहाल, हमें तो साहब कुछ याद-वाद नहीं, लेकिन जब आप फरमाते हैं तो सही होगा। बस, शक सिर्फ इस बात का है (मुंशीजी साहब की रूह इस आधी रात के वक्त 'इन्दर-सभा' की जिस किसी परी के साथ जश्न मना रही हो, मुझे मुआफी अता फरमाए) कि अम्मीजान और वालिद-बुज़ुर्गवार तो हमेशा यही बतलाया करते थे कि मैंने शहर कलकत्ता में पहली बार सूरज की रोशनी देखी थी। और इतना तो मुझे भी अच्छी तरह याद है कि जब मैं बारह बरस का था, तब वालिद साहब मरहूम हम लोगों के साथ कलकत्ता छोड़ अपने वतन लखनऊ वापस आए थे।

इधर जनाब मुंशीजी साहब का कहना है कि जब अंग्रेज़ लोग बादशाह सलामत को धोखे से गिरफ्तार कर कलकत्ता ले जाने लगे, उस वक्त बन्दापरवर ने जनाब मुंशीजी साहब को भी अपने साथ ले जाने की इजाज़त माँगी। आप ही का कलाम, ''मेरी आँखों में आँसू आ गए। अब आपसे क्या अर्ज़ करूँ अपनी उस वक्त की हालत, कि धड़ाधड़ गश पर गश चले आ रहे हैं, और बादशाह सलामत, खुदा उन्हें जन्नत बख्शे, परमेशुर करे वह जहाँ कहीं भी हों, दूधों नहाएँ, पुतों फलें, खुद मेरी यह हालत देखकर ज़ार-ज़ार रो रहे थे। अब अंग्रेज़ लोग

भी हैरत में कि आखिर यह कौन शख्स है, जिसकी बीमारी से खुद बादशाह सलामत तक को इतना सख्त सदमा पहुँच रहा है। खैर साहब, रामराम करके पूरे चार घंटे मे मुझे ज़रा-सा होश आया। जो आँखें खोल के देखता हूँ तो बड़े-बड़े लाट और कलक्टर और डिप्टी कमिश्नर मेरे आसपास खड़े हुए हैं। मुझे होश में आया देखकर एक अंग्रेज़ ने कहा कि जहांपनाह ने खुद हुज़ूर के सिरहाने खड़े होकर वज़ीफा पढ़ा था, और इस वक्त आरामगाह में तशरीफ रक्खे हुए ज़ार-ज़ार रो रहे हैं।

"आप यकीन मानें साहब, कि ऐसा गरीबपरवर, दरियादिल और कोई हुआ ही नहीं। खुदा उन्हें जन्नत बख्शे, बल्ला एक ही दम पाया था हुजूर नवाब साहब ने भी कि बस क्या बयान करूँ कि अहा—हा-हा!

"खैर, जनाब, जो मुझे यह पता चलता है तो बस कहाँ की बीमारी और कहाँ का गम—भागा हुआ हज़रत की आरामगाह की तरफ गया; जाकर तसल्ली दी कि हुज़ूर, आप यह क्या कर रहे हैं? एक नाचीज़ के लिए हुज़ूर अपने दिल को रंज न पहुँचाएँ। बादशाह सलामत एकदम उछलकर मुझे गले से लगाते हुए बोले कि भाई बख्तावर, मैं तुम्हें छोड़कर नहीं रह सकता। मैंने उन्हें दिलासा देते हुए अर्ज़ किया कि हुज़ूर, अब इस गुलाम को आज़ादी बख्शिए। कहाँ तो जहाँपनाह के जेर-साये परवरिश पाता रहा और अब इन फरंगियों की सल्तनत में जाकर बसूँ? मेरी जान बख्शी जाए, इस खाकसार ने आज तक कभी हुक्म-उदूली करने की गुस्ताखी नहीं की। मुझे जहांपनाह इजाजत दें कि मैं यहीं रहकर आलीजाह की तरफ से इन फरंगियों से बदला लूँ।...तो हज़रत, आप यकीन मानें कि यह खाकसार पेशावर से लेकर मदरास तक घूम आया; और यहाँ तक कि जब मदरास जा रहा था, तो कलकत्ता स्टेशन रास्ते में पड़ा, लेकिन मैं उतरा नहीं।"

गर्ज़े कि इन तमाम बातों के कहने का मकसद महज इतना ही है कि मुंशीजी कभी कलकत्ता तशरीफ नहीं ले गए, और बारह बरस की ऐसी उम्र नहीं जिसमें कि किसी को आसानी से गोद में उठाकर खिलाया जा सके। बहरहाल, बहुत-सी ऐसी बातें हैं जिनको कि बगैर सिर उठाए ही तस्लीम करना होता है।

जनाब मुंशीजी साहब ने, सन् '30 के सत्याग्रह आन्दोलन के ज़माने में एक बार ज़िक्र छिड़ने पर यह भी फरमाया था कि आप ही की जूतियों के तुफैल से लखनऊ में गदर मचा था। और वह तो कहिए कि महज एक ज़री-सी गलती से सब किए-कराए पर पानी फिर गया, वरना इस वक्त अवध में क्या पूरे हिन्दुस्तान में नवाबी अमल होता। और साहब, सच तो यह है कि नवाबी के भी क्या कहने!

आप यकीन मानें, हज़रत, कि उस वक्त लोग यह भी नहीं जानते थे कि रंजोगम कहते किस चिड़िया को हैं? बस जनाब, आँखों के सामने ही अंगूरी शराब खिंचवा रहे हैं, जाम पर जाम उड़ रहे हैं और अब यह हाल है कि कोई पुर्साहाल नहीं।

गदर के नाकामयाब होने का सबब आप यह बतलाते हैं कि ज्यों ही आप घोड़े पर सवार होकर मैदाने-जंग की तरफ बढ़े तो शहर की तमाम मशहूर और निहायत हसीन तवायफें आपके पीछे पड़ गईं। रोकर कहा कि आपके साथ हम भी चलेंगी क्योंकि आपके बाद लखनऊ में कद्र करनेवाला और कौन रह जाएगा। और माशाअल्लाह, उस वक्त आप वह कड़ियल जवान-पट्ठे थे कि आप ही के लफ़्जों, से "जिधर से मैं निकल जाता था, हुस्न के बाज़ार में आहें भरी जाने लगती थीं।" खैर साहब, अब यह समझा रहे हैं और वह मानती नहीं हैं, कहती हैं हम लोग साथ ही जाएँगी। किसी तरह दम-दिलासा देकर जो आपने एड़ लगाई जो बस जाकर हरौनी ही में दम लिया, जहाँ की गदर मचा हुआ था। अपने सिपहसालार को देखकर सिपाहियों का दिल दूना हो गया। अंग्रेज़ी फौजें भागने ही वाली थीं कि एकाएक तकदीर का तख्ता ही पलट गया। भई, कुछ भी हो, मगर हम तो कहेंगे, वाह रे इश्क! मुंशीजी साहब के वियोग में सबकी-सब तवायफें जोगन बनी हुई आखिरकार मैदाने-जंग में भी पहुँच ही गईं और रो-रोकर मुंशी जी को लगीं घोड़े पर से घसीटने। अब मुंशीजी दनादन फैरों पर फैरें कर रहे हैं, और उनकी एक-एक गोली से सौ-सौ अंग्रेज़ वफात पा रहे हैं। एकाएक एक अंग्रेज़ सार्जेण्ट की गोली दनदनाती हुई इनकी तरफ आई और यह तय था कि वह इनकी खोपड़ी के ठीक बीचोबीच एक आर-पार का सूराख कर देती कि ऐन मौके पर मुंशीजी के इश्क में अधमरी हो जानेवाली इन हसीनों के बदन में खुदा जाने कहाँ से इतनी ताकत फट पड़ी कि जो सबने मिलकर इनका हाथ पकड़कर घसीटा तो बस धम से घोड़े के नीचे ही दिखाई पड़े। मुंशीजी फरमाते हैं कि उस अंग्रेज़ सार्जेण्ट ने खास इन्हीं को खत्म करने के लिए ऐसी जबरदस्त गोली छोड़ी थी कि आगे जाकर उसने एक पीपल के पेड़ को भूनकर रख दिया। मगर इनके गिरने का असर इनकी फौज पर बहुत बुरा पड़ा। उन लोगों के हौसले पस्त हो गए; और उन्होंने समझा कि जनाब मुंशीजी साहब उस अंग्रेज सार्जेण्ट की गोली खाकर इस जहान-फानी से कूच कर गए। फिर क्या था, इनकी फौज में इस तरह भगदड़ पड़ी कि बस क्या अर्ज़ किया जाए। सिपाही लोग उस अंग्रेज़ सार्जेण्ट को कोसते और जनाब मुंशीजी साहब मरहूम की याद में रोते हुए वापस

लौटने लगे। अब यह हरएक सिपाही को पकड़-पकड़कर समझा रहे हैं कि भाई मैं मरा नहीं ज़िन्दा हूँ, मगर उन्हें यकीन ही नहीं आता।

रोज़ाना अखबार में खबरें छप रही हैं कि महात्मा गाँधी और जवाहरलाल नेहरू वगैरह-वगैरह गिरफ्तार हो रहे हैं। जगह-ब-जगह हड़तालें हो रही हैं, धरने दिए जा रहे हैं। लाठियाँ और बन्दूकें चल रही हैं। जनाब मुंशीजी साहब एक दिन मुहल्ले में रहनेवाले कांग्रेसी वालंटियरों से बोले, ''यह क्या तुम लोग गलत रास्ते पर जा रहे हो? वल्ला, अगर कहीं मैं महात्मा गाँधी की जगह पर होता तो चुटकी बजाते यों सौराज दिलाता, यों! नवाब वाजिदअली शाह साहब के ज़माने में भी लखनऊवालों ने यह चाहा कि उन्हें आम सड़कों पर शराब पीने का सौराज मिल जाए। खैर साहब, वह लोग आए हमारे पास। हमने कहा कि यह कौन बड़ी बात है, अभी चलो। बस पहुँच गए नवाब साहब के दरबार में। बादशाह सलामत ने जो इतने हुजूम के साथ आते देखा तो खड़े हो गए, और मुस्कराकर मेरा इस्तकबाल करते हुए फरमाया, कहो भाई बख्तावर, यह सब क्या माजरा है? मैंने अर्ज़ किया हुजूर, यह लोग सौराज चाहते हैं। बादशाह सलामत के माथे पर शिकन पड़ गए, तेवर बदलकर फरमाते है। 'किस बात का सौराज जी?' इस खाकसार ने अर्ज़ किया कि हुजूर सौराज चाहते हैं और क्या। बादशाह सलामत ने फरमाया कि सौराज लेकर आखिर यह लोग क्या करेंगे? मैंने अर्ज़ किया, 'हुजूर को दोआएँ देते हुए लोग शराब पी-पीकर सड़कों पर जश्न मनाएँगे।' मेरी इस बात पर हजरत कुछ इस तरह खुश हुए कि बस मुस्कराकर सौराज दे दिया। और साहब मैं क्या, मेरे वालिद बुज़ुर्गवार और बाबाजान मरहूम ने भी वक्तन-फ-वक्तन लोगों को इसी तरह सौराज दिलाया है। तो साहब, यह हमारा ही काम है कि एक घड़ी के अन्दर जिसको चाहें सौराज दिला दें। अब गाँधी जी क्या खाकर सौराज लेंगे? कहीं झण्डा लेकर नमक बनाने से सौराज भी मिलता है? हमको कहिए, देखिए यों सौराज दिला दूं।''

मुहल्लेवालों ने भी कहा, ''साहब इससे अच्छी क्या बात है?'' बस, जनाब मुंशीजी साहब झट से अन्दर जाकर अपनी घराऊ चपकन और टोपी पहनकर बाहर निकले।

मुहल्लेवालों ने नारा लगाया, ''इन्कलाब-ज़िन्दाबाद,'' ''भारत माता की जै,' ''मुंशी बख्तावरलाल की जै।'' मुंशी बख्तावरलाल ने निहायत खुश होकर अपने शाने हिला दिए।

एक ने पूछा, "मीटिंग कहाँ कीजिएगा?"

आप अकड़ गए, फरमाया, "मीटिंग के क्या माने जी? हम तो लाट साहब से मिलने जा रहे हैं।" और आपने निहायत जोश के साथ उनकी तरफ देखकर कहा, "इन्कलाब-ज़िन्दाबाद!"

पूछनेवाले साहब खुफिया पुलिस के एक अफसर थे। इधर इन्होंने नारा लगाया, उधर उन्होंने इनका हाथ पकड़ा कि आइए, मेहमानखाने में तशरीफ ले चलिए।

मुंशीजी साहब अकड़ गए, कहा, "तुम कौन हो जी?" फिर पीछे की तरफ मुड़कर वालंटियर से कहा, "इन्हें बता दो कि हम कौन है?"

पुलिस के इन अफसर साहब ने मुस्कराकर इनका हाथ झंकझोरते हुए फरमाया, "अजी इधर आइए साहब। हमें मालूम है कि आप कौन हैं। वह देखिए, हुजूर लाट साहब ने आपकी खातिर के लिए एक मोटर भी भेज दी है।"

लारी पर बैठते वक्त भी जनाब मुंशीजी को इस बात का गुमान न था कि वह हवालात लिए जा रहे हैं। दूसरे वालंटियरों ने भी आपको यही यकीन दिलाया कि लाट साहब ने आपकी बड़ी इज्जत की है।

मोटर लॉरी जब कोतवाली में पहुँची और सिपाही इन्हें हवालात की तरफ ले जाने लगे तब तो आप बहुत घबराए, लगे रो-रोकर दारोगा जी के पैर पकड़ने। रोके फरमाते हैं, "ऐ हुजूर, मैं तो सरकार का पुराना खैरख्वाह हूँ।"

दारोगा साहब मुस्कराकर बोले, "अजी वाह, कैसी बात करते हैं आप? आप तो नवाब वाजिदअली शाह साहब के खास दाहिने हाथ थे, आपके ज़रा तेवर बदल देने से ही गदर मच गया था और साहब आपने तो कई बार सौराज दिलाया है...।"

मुंशीजी ज़ार-ज़ार रोने लगे, कहा, "हुजूर बुढ़ापा बिगड़ जाएगा। यह सारी इज़्ज़त खाक में मिल जाएगी।"

"अजी इज़्ज़त की इसमें क्या बात है? आप तो जनाब वाजिदअली साहब..."

"वल्ला, इल्म कसम हुजूर, किसी दुश्मन ने मेरे खिलाफ हुजूर के मेहरबान दिल में कुछ बदगुमानी पैदा करने को कोशिश की है। अब आप ही ख्याल फरमाइए बन्दापरवर, कि कहाँ मैं और कहाँ नवाब वाजिदअली शाह साहब का जमाना? खुदा उन्हें जन्नत...नहीं नहीं! हुजूर, भला आप ही ख्याल फरमाइए कि मैं क्या मेरे बाप-दादे भी उस वक्त पैदा भी नहीं हुए होंगे हुजूर।"

"अच्छा, तो गोया आप अभी तक कमसिन ही हैं! खैर, सिपाहियों ले जाओ इन्हें। यह लाट साहब से मिलने जा रहे थे न!"

मुंशी बख्तावरलाल ने ज़ार-ज़ार रोते हुए कहा, "ऐ हुज़ूर, अब की बार माफ कर दीजिए। भला मेरी इतनी जुर्रत कि मैं मलिके-ज़मानियाँ हुज़ूर लाट साहब, खुदा उन्हें जी...नहीं, नहीं, हुज़ूर, परमेशुर करे वह दूधों नहाएँ पूतों फलें–अब उनसे मिलने की मेरी ताब कहाँ है हुज़ूर? आप सलामत रहें, मुझे अपने बच्चों के सदके ही से छोड़ दीजिए। इस वक्त तो आप ही हमारे लिए लाट साहब हैं, सरकार!"

"मुआफी माँगकर छूट आने के बाद हो जनाब मुंशीजी साहब अपने घर लौट आए। मैंने उनसे दरियाफ्त किया, "कहिए साहब, कुछ कामयाबी हासिल हुई?"

मुंशीजी ने अकड़कर फरमाया, "वल्ला, आप भी कैसी बातें करते हैं हज़रत!" और फिर मूँछों पर ताव देते हुए बोले, "भला जिस काम में मुंशी बख्तावरलाल हाथ डालें और वह पूरा न हो। लाट साहब ने फौरन ही हुक्म दिया कि कागज़ात तैयार करो। बस, अब कागज़ तैयार होने भर की देर है, कि सौराज़ हो गया। अब आप यह ख्याल फरमाए कि नवाब वाजिदअली शाह साहब, खुदा उन्हें..." फिर एकाएक घबराकर बोले, "नहीं-नहीं, वह सब कुछ नहीं, आप उन्हें कुछ ख्याल न कीजिएगा हज़रत! अच्छा इस वक्त मुझे ज़री एक काम है।"

बात पूरी होते-होते मुंशी बख्तावरलाल ने अपने मकान के किवाड़ खट से बन्द कर भीतर से कुण्डी लगा ली।

नज़ीर मियाँ

पहले तस्लीम करता हूँ उस रब्बुल-आलमीन अलख-निरंजन को कि जिसके पास अब तलक रूसी-अमरीकी राकेट नहीं पहुँच पाए। हज़ार बार अनगिनत सिजदे उस साईं सिरजनहार के नाम पर कि जिसने जगमग सितारों-जड़ा अनोखी आब व आनवाला ये अचम्भे के बच्चे-सा खल्क रचा, उसमें हिन्द-जैसा मुल्क सिरजा, उसमें माशूक की कनखियों-जैसी आड़े-तिरछे बिछलनेवाली बड़ी नाज़ो-अदावाली चंचल, शोख, पतली कमर बल खाय कि तस्वीर खैंचती हुई जलपरी-सी गोमती नदी बनाई, उसके किनारे शहर लखनऊ बसाया, उसमें बाज़ार नखास आबाद किया और नखास में नज़ीर मियाँ को बेलगाम छोड़ दिया कि जिनका सिन सत्तर की ढैयाँ छू रहा है और दिल अब भी सत्रह की अंगनाई में ही गिल्ली-डण्डा खेलता है।

आज तक किसी ने न तो नज़ीर मियाँ की बोलती बन्द होती देखी है और न ही पैर थमते देखे हैं। इनका अपना कोई नहीं मगर ये सबके हैं। ज़िन्दगी बीत गई, अपना कोई काम नहीं किया मगर गली के आठ-दस घरों के बड़े मियाँ हैं। किसी दुल्हन, किसी बेटी ने बुलवाया कि नज़ीर मियाँ ये ला दीजिए और वो ला दीजिए, तो चौक, अमीनाबाद दौड़े जा रहे हैं, पुराने माशूकों के आटा-दाल, गेहूँ-गोश्त ला रहे हैं। सब जनी कस्में दिला-दिलाके कहती हैं कि नजीर मियाँ, जल्दी लौट आइएगा। सबको ये भी कस्में खा-खाकर यकीन दिलाते हैं कि जल्दी लौट आऊँगा, मगर गली-सड़क में आते ही बातों का नशा ऐसा चढ़ता है कि वक्त का ध्यान फिर किस मरदूद को रहता है! गली से बाहर आते ही दाहिनी ओर वाली बाज़ार की पाँच दूकानों के ये नवाब-मुल्क हैं। वहाँ पचास काम निकल पड़ते हैं, पचास रोकने-टोकनेवाले मिल जाते हैं। फिर दुल्हनें, बेटियाँ और माशूकाएँ इनके नाम पर भले झीखा करें, घड़ी देखा करें, कोसें, झुंझलाएँ, मगर नज़ीर मियाँ बेचारे बेबस हो जाते हैं। क्या करें?

अभी पारसाल की बात है। करामात हुसैन की लड़कियों ने अमीनाबाद से कोर्स की किताबें लाने को कहा। 'हाँ, अभी लाता हूँ' में चार दिन टल गए। अज़रा ने इन्हें घेरकर आँखों में आँसू भरकर कहा कि बड़े मियाँ, आज ज़रूर ले आइएगा, वरना कल स्कूल में मेरी बड़ी किरकिरी होगी। नज़ीर मियाँ कस्द करके निकले कि आज लेके ही लौटूँगा। लोगों से आमना-सामना बचाने की गरज से पिछवाड़ेवाली गली से ही होकर टाट-पट्टी, यहियागंज नापते हुए, नादानमहल रोड से बस पर सवार हुए। इस तरह अमीनाबाद पहुँचकर तसल्ली हुई कि चलो, अब किताबें खरीदते क्या देर लगती है! किताबों की दूकान पर भीड़ में लाइन लगाकर खड़े हुए। पीछे एक जज साहब के अर्दली यारअली भी आ खड़े हुए। बिल्ले-चपरास वाले हमउम्र से नज़ीर मियाँ बातें किए बगैर भला क्यों कर रह सकते थे? थोड़ी देर में सब-कुछ पूछ डाला। मालूम हुआ कि यारअली का एक लड़का तो सेक्रेटेरियट में चपरासी है मगर दूसरे का कहीं डौल नहीं बैठा। वो बड़ा हुनरमन्द है। उसने एक ऐसा खास ज़रूरत का नायाब साबुन बनाया है कि चमड़ी जलती नहीं और असर जादू का-सा होता है। कई चीज़ें बनाई हैं। यारअली ने इस धन्धे में फायदा देखकर पाँच सौ रुपया लगाया मगर अब वो फँसा है क्योंकि लड़का बेचने का हुनर नहीं जानता। नज़ीर मियाँ छूटते ही बोले, ''मैं बेच दूँगा। परसों इतवार है। नखास में मेला लगता है। सौ टिकियाँ तो उसी दिन बेच दूँगा। तुम बस एक सैनबोट बनवा दो मुझे...तबीयत का।''

''मगर सैनबोट बनवाने में भी मियाँ कुछ वक्त तो आखिर लगेगा ही और इतवार तो परसों है।''

नज़ीर मियाँ हँसकर बोले, ''अजी, आपने भी क्या फिक्र पाली है। मैं कहता हूँ, बिरादर, कि ज़रूरत के हिसाब से थैलियों का डांस पुरोगाम करवाते रहिए तो बारह घण्टे में मैं चाँद को धरती पर उतार लाऊँगा। ये सैनबोट क्या चीज है! रुपए पच्चीस खर्च होंगे आपके। आर्ट कालिज के डिज़ैन पर एक हसीना की फोटू बनेगी उसमें। माशूक छाप साबुन की खातिर किसी माशूक की ही फोटू भी होनी चाहिए। मैं बनवा दूँगा। इतवार की सुबह आप उसे सिकन्दर कलन्दर आफ इण्डिया की दूकान पर टंगा पाएँगे। पच्चीस रुपए ये और दस-पाँच रुपए पन्नी-कागज वगैरा...''

''अजी, पैकिंग-वैकिंग सब बड़ी सुपर फैन किसिम की हुई है, पाँच सौ टिकियाँ बना रक्खी हैं। मक्खीमार पौडर भी तैयार है।''

''अजी, तब तो जनाब यारअली साहब, आप नज़ीर हुसैन को चुनौती दे रहे हैं। माशूक छाप साबुन और मक्खीमार पौडर बना के आपका लड़का बेकार रहे और वो भी इस खाकसार के रहते! अजी खुदा चाहेगा तो परसों ही आपके हाथ में सौ नहीं तो पिछहत्तर रुपए ज़रूर रख दूँगा। जो मुनासिब कमीशन हो वह दे दीजिएगा। चलिए अल्ला-अल्ला, खैर सल्ला। और यह तो एक दिन की बात हुई, जनाबेमन, खुदा झूठ न बुलवाए, एक महीने में इनकम-टैक्सवाला तुम्हारे पीछे-पीछे न दौड़ने लगे तो कहना। तुमने अभी हमें पहचाना नहीं है, अज़ीज़मन!''

दुबले-पतले मुनहने-से नज़ीर मियाँ हैं मगर उनके बदन में बिजली दौड़ती है। जो बात कहते हैं वह उनकी आँखों में, चेहरे पर, हाथ-पैर में, अज़ो-अज़ो में तस्वीर बनकर फड़क उठती है। होंठों की दोनों कोरों पर नीचे की ओर झुकती हुई कत्थे की दो लकीरें मानो पैदाइशी निशान-सी ही चेहरे का एक अंग बन गई हैं। उनका पान से सदा फूला रहने वाला गाल और होंठों की ये लकीरें इनकम-टैक्सवाली बात कहते हुए अपनी शान जताकर इतमीनान दिलाने की अदा में कुछ यों उचकीं-बिचकीं कि यारअली को हँसी आ गई। वे बोले, ''तूम खूब मिले, उस्ताद। अमाँ रहते कहाँ हो?''

''नखास में। वहाँ जिससे चाहें पूछ लीजिए। आपको हर कोई मेरी हिस्ट्री बतला देगा। जनाब आबिद हुसैन साहब मरहूम, डिप्टी कलक्टर, खुदा जन्नत में भी सदा उनका रुतबा बुलन्द करे, मेरे वालिद थे। वालिदा मेरी यहाँ की मशहूर डेरेदार थीं। उन्हीं डिप्टी साहब ने एक मकान बनवा दिया था। उसी में सड़क की तरफ दो दूकानें भी हैं। घर की एक कोठरी में पड़ा रहता हूँ। बाकी मकान किराये पर उठा दिया है। दूकानों से भी किराया आता है। अकेले दम के लिए बहुत काफी है। मैं तो कहता हूँ, हुज़ूरेवाला, ऊपर वाले का शुकर है, आज तलक किसी के आगे हाथ नहीं फैलाया। इसीलिए कहता हूँ, भाईजान, जहाँ पाँच सौ फँसे हैं वहाँ पच्चीस-तीस और फँसा दो। न उबरें तो बीच चौराहे पर मेरा हाथ पकड़ लेना। मगर उसकी आपको ज़रूरत ही न पड़ेगी। अल्लाह चाहेगा तो परसों करिश्मा दिखला दूँगा।''

यारअली सोचने लगे, फिर दाढ़ी पर हाथ फेरते हुए कहा, ''आप मेरे घर पर तशरीफ ले चलिए। तकलीफ तो होगी मियाँ, मगर वहाँ दोनों लड़के होंगे। सारा हेसनेस हो जाएगा।''

नज़ीर मियाँ ने जोश में आकर कदम बढ़ा दिया। किताबों के लिए यारअली ने यह कहकर टाला, कि इस वक्त भीड़ बहुत है, कल सुबह आकर ले जाऊँगा,

तो नज़ीर मियाँ को भी शह मिल गई। मन में अज़रा का आँसू-भरा चेहरा और बार-बार आज ही ला देने का इसरार तस्वीर की गूँज बनकर समाया, चुभन भी हुई मगर नज़ीर मियाँ ने फौरन ही अपने तईं तसल्ली दी कि बस अभी लौटकर आता हूँ। बातें करने में भला कितनी देर लगती है। ये गया और वो आया।

यारअली के घर में बातें करते और हुक्का-चाय पीते हुए वक्त गुज़र गया। वहाँ से यारअली के दूसरे लड़के को साथ लेकर नखास में नवाबन के बेटे मुन्नेखाँ के घर पहुँचे और कहा, ''बरखुरदार, आज तुम्हारी सआदतमन्दी का इम्तहान है। मेरी तकदीर का सितारा परसों आसमान से उतरकर नखास में आ खड़ा हो जाएगा। लोग उसका करिश्मा देखेंगे। तू बस ज़री मेरे सितारे के उतरने के वास्ते सीढ़ी बना दे।''

मुन्नेखाँ 'मगर चचा, अजी चचा, सुनिए तो' करते ही रह गए पर नज़ीर मियाँ से पार न पा सके। बोले, ''ऐशी माशूक की फोटू बना दे बेटे, कि 'नाज़ो-अन्दाज़ों अदा गम्ज़ाओ शोखी ओ हया...(औ') यक तरन्नुम के सिवा सब तेरी तस्वीर में' हो। तरन्नुम की कमी मैं पूरी कर दूँगा। न हो तो नन्हो की लौंडिया को सामने बुलवाके खड़ी कर ले। उसका एक हाथ कमर पर और दूसरे में माशूक छाप साबुन हो। आँखों में प्यासे प्याले दरसाना औ' होंठों की मुस्कराहट में दो बोतलों का नशा उंडेल देना, समझे मियाँ? औ' ओढ़नी हवा में बड़े माई डियर किसिम से फरफराए बरखुदार, समझे? बस, मेरा काम बन जाएगा। दो टिकियाँ साबुन की तुझे मुफ्त दिलवा दूँगा। अपनी ओर से नन्हों की लौंडियाँ को पेजेन्ट कर देना।''

यारअली के लड़के से दस रुपए एडवांस दिलवाए। पाँच का नोट अपनी तरफ से मौज करने के लिए दिया। नन्हो की लौंडिया बुलवाई गई। नज़ीर मियाँ ने आप खड़े होके तमाम हाव-भाव, नैन-सैन बतलाए। बहरहाल, सनीचर की शाम को माशूक छाप साबुन का साइनबोर्ड बनकर तैयार हो गया। नीचे 'स्टाकिस्ट, कलन्दर सिकन्दर आफ इण्डिया, लखनऊ' भी लिखवा दिया गया।

कलन्दर सिकन्दर की दूकान इनका खास अड्डा है। वे इन्हीं के किरायेदार हैं। कलन्दर सिकन्दर चार भाई थे। मुल्क के बँटवारे में दो पाकिसतान चले गए तो नज़ीर मियाँ ने इनके नाम के आगे 'ऑफ इंडिया' जोड़ दिया। तब से उनकी पन्सारी की दूकान का नाम भी यही पड़ गया है। उनकी दूकान क्या है मानो रंग-बिरंगे साइनबोर्डों की नुमाइशगाह है। तीन दर की दूकान पर छोटे-बड़े सब मेल के करीब पन्द्रह-सोलह साइनबोर्ड लटक रहे हैं। छोटे भाई सिकन्दर मियाँ

को इसका खब्त है, माल उसी कम्पनी का बेचते हैं जो उन्हें तस्वीरोंवाला साइनबोर्ड देता है। पाशिंग शो सिगरेट का टोपदार साहब, पहलवान छाप बीड़ी का पहलवान लाइफबॉय साबुन लगाकर नल के नीचे नहाता-मुस्कराता लौंडा, एक सौ इकतीस नम्बर की बीड़ी फूँकती और आँख मारती हुई हसीना, लंगूर छाप खिज़ाब का लंगूर, गरज़ कि आर्ट के नायाब नमूने वहाँ लटके हुए हैं। इतवार की सुबह सात बजे सब साइनबोर्डों के ऊपर माशूक छाप साइनबोर्ड भी चढ़ गया।

इतवार का रोज अल्लाह मियाँ की तरफ से खास तौर पर नखास के लिए ही मुकर्रर किया गया है। उस दिन लखनऊ के तमाम अक्लमन्द लोग, क्यूरियो-डीलर, गरीब शौकीन और देहाती लोग-लुगाइयाँ नखास में इस तरह अटाटूट भर जाते हैं गोया नखास दिल हो और उसमें वे अरमानों की भीड़ बनकर समाए हुए हों।

सुबह आठ बजे से ही भीड़ बढ़ने लगी, रौलचौल शुरू हुई। फुटपाथ की दूकान पर बिकनेवाले मुर्गे अपनी पुरानी साथिनों से आखिरी रोमांस लड़ाने लगे। कबूतरों की गुटुरगूं और तोते, मैनों, तीतरों, लालों, बटेरों और चकोरों–तरह-तरह के पंछियों की रंगारंग चहचाहट ने धरती के उस टुकड़े का आसमान सिर पर उठा लिया और जब नन्हें परिंदों से इतना बोझ संभल न सका तो नज़ीर मियाँ ने लाउडस्पीकर हाथ में लेकर माशूक छाप का नारा बुलन्द किया। भीड़ उनकी तरफ खिंचने लगी। सिकन्दर कलन्दर की दूकान के आगे टीन की कुर्सी पर खड़े होकर नज़ीर मियाँ चहकने लगे, "अहा-हा-हा-हा! हाज़रीन शायकीन, गुलन्दाम, गुलबदन जाने-जहाँ कत्ताले आलम आशिकोमाशूक! चले आइए, चले आइए। ए हजरात, ये वो नख़ास है जहाँ कभी घोड़े बिकते थे लेकिन अब लोगों का नसीबा बिकता है। जो खुशनसीब हैं वहीं नखास में आते हैं, सैकड़ों का माल टके-टके में ले जाते हैं। हज़रात, ये वो नखास है कि जिसकी शान में फिरदौसी तक कहा गया है कि 'अगर फिरदौस, बररूये ज़मींअस्त, नखासअस्तो, नखासअस्तो, नखा-सअस्त।' देहली के बादशाह से जब लखनऊ की यह रौनक देखी न गई तो देहली के लाल किले में नखास की टक्कर का दीवाने-खास बनवाया और फिरदौसी के शे'र में थोड़ा-सा फेर-फार कर वहाँ लिखवा दिया। मगहर हज़रात, ज़माना जानता है, अजी मैं कहता हूँ कि हिस्ट्री-तवारीख गवाह है कि दीवाने-खास सूना हो गया मगर नखास में अबतक रौनक है। अजी लोग टके-टके में अनमोल किताबें यहाँ से ले जाते हैं। पालने और खाने के लिए मुर्गे और बकरे, चहकाने के लिए लालो बुलबुलो-बटेर, रिझाने के लिए लहँगा-ओढ़नी-टिकली-बिन्दी और रीझने के लिए माशूक छाप साबुन तक सब कुछ यहाँ सस्ते दामों में मिलता है।

यहाँ जो चीज़ बिकने आती है वह खुदाई मेहर होती है और जो खरीदार आते हैं उनपर खुदा मेहरबान होता है।''

गरज़ कि दोपहर होते न होते नज़ीर मियाँ ने माशूक छाप साबुन की धूम मचा दी। दाइयाँ मुगलानियाँ आतीं, बुर्केवालियाँ नकाब उठाए या गिराए हुए गुज़रतीं, देहातिनों के रेले आते और उन्हें देखते ही नज़ीर मियाँ वो फबतियाँ कसते कि भीड़ में ठहाके उमड़ पड़ते, सुननेवालों का जी लहालोट हो जाता। ढाई बजे तक नज़ीर मियाँ ने निन्नानवे टिकियाँ बेच डालीं, एक बी हैदरी के लिए बचा ली। इकन्नीवाले मक्खीमार पाउडर के ग्यारह दर्ज़न पैकेट बेचे। जब पैसे दिए तो यारअली का लड़का पाँव पकड़ने लगा। यारअली के लड़के को चौकस हिसाब दे और अपना कमीशन लेकर नज़ीर मियाँ पल-भर भी न रुके, अज़रा की किताबें लाने के वास्ते अमीनाबाद की ओर लपके। किताबों के साथ पाँच रुपए के रसगुल्ले अपनी तरफ से ले गए। लड़कियों को मना लिया।

इन्हीं गलियों और इसी सड़क पर नज़ीर मियाँ बच्चे से बड़े मियाँ हुए हैं। नब्बू पानवाला और सिकन्दर कलन्दर तो इन्हीं के किरायेदार हैं। उनका भला तो ये चाहते ही हैं। पड़ोस के हबीब चायवाले, यूसुफ हलवाई और सिरीकिशन साइकिलवाले के भी ये खास सगे हैं। यों इनका अड्डा सिकन्दर कलन्दर की दूकान है मगर 'हबीब रेस्टूरेंट' में भी बैठा करते हैं। सिकन्दर की दूकान पर सौदा-सुलुफ लेने के लिए आनेवाली औरतों-महरियों से छेड़छाड़ किया करते हैं। सड़क से गुज़रते इक्के-तांगों रिक्शों पर ज़नानी सवारी देखी नहीं कि उधर ही ताकने लगे। अपने-आपको हुस्न का जौहरी कहते हैं। इसी आदत की बदौलत दो-एक बार पिटे भी हैं।

नज़ीर मियाँ माशूकों के पीछे सदा बदहवास घूमे मगर अक्ल के पीछे लाठी लेकर न पड़े। पहुँच के बाहर की औरतों को बेबसी में सराहते ज़रूर हैं पर जहाँ बराबर की जोड़ होती है वहीं बुढ़भस की लार टपकाते डोलते हैं। दिन-रात मजनूँ की तरह वस्ल और हिज्र के गीत गाते हैं। मलाई के चप्पन, रबड़ी के दोने, साबुन, तेल, इत्र, गजरे लिए खुमाशद में दौड़ते हैं। जहाँ दाँव लग गया वहीं महीने-दो महीने दिलोजान निसार किया, बुझते दिये कि तेज लौ के मानिन्द अपनी हविसों का खिलवाड़ किया, मुनासिब पैसे भी खर्च किए मगर फिर कहीं और बहके।

फिलहाल छह महीने से गुलाबबाड़ी के अख्तर नवाब की एक बेवा महरी हैदरी का कलाम पढ़ रहे हैं। खुद ही कहते हैं कि हैदरी जादूरगनी है वरना इतने दिनों तक कोई उन्हें बाँध नहीं सका। ये उसकी खिदमत में लगे रहते हैं और

वह इनकी। हैदरी से भी पहली मुलाकात यहीं कलन्दर सिकन्दर की दूकान पर ही हुई थी। पचास-पचपन का सिन मगर नाक नक्शा ऐसा सुडौल कि हुस्न के जौहरी नज़ीर मियाँ चुप न रह सके। धीरे-धीरे दूकान की पटरी पर उसके पास आकर बैठ गए और प्यासी नज़रों से निहारते हुए आशिकों की गुटुरगूँ बोली मैं पूछा, "बी महरी, रहती कहाँ हो?"

बी महरी भी कम रंगीन न थीं। इनकी नज़रों का भाव ताका और मुस्कराकर कहा, "इसी जमाने में, और कहाँ रहूँगी?"

नज़ीर मियाँ फड़क उठे, बोले, "तुम्हारा ज़माना तो इंशाअल्लाह अब आएगा। नज़रबद्दूर, अभी तो खिलती कली हो।"

"ऐ वाह मियाँ, नज़र बड़ी तेज है। दूर की देखते हो। ज़रा कबर में लटकते अपने पाँवों को भी निहार लो।"

"अमाँ वहाँ तो तुम्हें देखने के पहले देखते ही थे मगर अब तुम इन्हें सुबू-शाम कूचए-जानाँ में गश्त लगाते देखोगी। लाओ, मैं पहुँचा दूँगा। मेरे रहते भला तुम बोझा उठाओगी?" कहते हुए गठरी उठा ली और आगे बढ़े। बी महरी तेज हुईं, तेजी से लपकीं, गठरी छीनने लगीं। उधर से हबीब ने तालियाँ बजाईं, "चचा ले भागे।" आसपास लोगों के ठहाके पड़े। बी महरी के अधेड़ चेहरे पर शर्म की लहर यों दौड़ी मानो तेज हवा में झोंके से पके धान का खेत लहराया हो। बड़े मियाँ उस अदा पर रीझ-रीझ उठे। प्यासी नज़रों से देखते, हाथ से सामान देते हुए बी महरी का हाथ छूकर खोई हुई मुस्कराहट के साथ बोले, "ये सामनेवाला मकान तुम्हारा ही है?"

बी महरी बढ़ चलीं, नज़ीर मियाँ साथ-साथ बातें करते चले, "जब से इटायेवाली गुलशब्बो इसमें रहने लगी है तब से पिछत्तर मकान के आते हैं, बीस कलन्दर वाली दूकान के आते हैं और दस नब्बन देता है। एक सौ पाँच किराये के और बीस-पचीस और पीट लेता हूँ। न कोई आस, न औलाद, न जोरू, न जांता, न कोई शौक। क्या कहें, पचास हज़ार की जायदाद है और ये दिल है—हम हथेली पे लिए-लिए घूमते हैं मगर कोई दिल का नाज उठानेवाली ही न मिली। यों माल हड़पने के लिए चोंचले सब दिखाती हैं। अब तुम्हीं इन्साफ करो बी महरी कि हम क्या कोई गौरवे हैं। अरे, अब लौंडपन भी नहीं रहा कि धोखा खाते फिरें। बकौल कैस 'उन्हें भी जोशे-उल्फत हो तो लुत्फ उट्ठे मुहब्बत का, हमीं दिन-रात गर तड़पे तो फिर इसमें मज़ा क्या है?"

यों ही अपनी सुनाते हुए बी महरी के साथ-साथ उनके मालिक की ड्योढ़ी तक पहुँच गए। देखते ही बोले, ''अखखाह, नवाब अख्तर साहब की कोठी में काम करती हो! अमाँ, तब तो तुम अपने घर की ही निकलीं। अरे-अरे, सुनो तो बी महरी, नवाब साहब अगर दीवानखाने में तशरीफ रखते हों तो ज़ई मेरे आने की इत्तिला करना, कहना, नखासवाले नजीर मियाँ आए हैं। अमाँ, पूरी बात तो सुन लो। तुम तो खुदा की कसम, दिल तो उड़ाती ही हो मगर आप भी उड़ती हो।''

''ऐ तो क्या करें, तुम तो हो नाठे निगोड़े औ' यहाँ पचासों काम पड़े हैं।''

नज़ीर मियाँ ने एक सर्द आह खींची, कहने लगे ''ठहरे हैं हम तो मुजरिम टुक प्यार करके तुमको; तुमसे भी कोई पूछे तुम क्यों हुए पियारे।' ज़री अपना नाम तो बतला दो, तुम्हें हमारी जान कसम।''

इसके बाद मलाई के चप्पन, इतर-फुलेल, कंघी-आईना, यहाँ तक कि माशूक छाप साबुन की सौवीं टिकिया भी बी हैदरी की खिदमत में पहुँची। बारे महीना पचीस रोज के चक्करों ने बी हैदरी के बूढ़े दिल में भी इश्क की लहरें उठा दीं। तब से वही उनकी इश्किया ज़िन्दगी का इकलौता सहारा है। ऐसे बस में हुए हैं कि जान सौंप दी पर माल नहीं सौंपा। हाँ, लालच बढ़ाते हैं। एकाध जेवर दे भी दिया है। कभी-कभी यह इरादा भी जाहिर करते हैं कि हैदरी अगर नौकरी छोड़ दे तो वह उसे अपने घर में डाल लेंगे और आखिरी वक्त में ज़ेवर-जायदाद भी उसी के नाम लिख जाएँगे। मगर यों तो नज़ीर मियाँ पहले भी कई बार सोच चुके हैं। बी हैदरी के बाद आगे कब और किस-किसके लिए फिर ये नेक इरादे जागेंगे, इसे सिर्फ ऊपर वाला ही जानता है।

शहर का अन्देशा

भाई साहब, हाथ कंगन को आरसी क्या, इस समय लखनऊ नगर में गली-दर-गली, घरों में, घरवालियों में, हलवाई, तम्बोली, पंसारियों और सब्जी वालों, नौकर-चाकर, धोबी, जमादार-जमादारिन, लाला-ललाइनों में गर्ज़े कि घर-घाट, हाट-बाट में बेशुमार चलते-फिरते गज़ट देखने को मिल जाएँगे। आज पाँच रोज़ से अफवाह गर्म है कि कलकत्ते बंगाल की तरफ से चार बड़े लम्ब-तड़ग ज्वान आए हैं। वे रात में घरों के द्वार खटखटाते हैं, 'तार ले जाइए' की आवाज़ लगाते हैं और जो जाकर दरवाज़ा खोलता है उसे उन लम्बू जादूगरों में से कोई एक तमाचा जड़ देता है। आदमी चटपट मर जाता है। ये लम्बे बंगाली जादूगर किसी को लूटते नहीं, बस तमाचा मारकर जान लेते हैं।

इस अफवाह ने चलते-फिरते गज़टों को आजकल स्पुतनिक बना रक्खा है। क्या औरतें, क्या मर्द, सुबह से शाम तक जहाँ जाते हैं यही अफवाह फैलाते हैं।

आज दो रोज हुए, जरदन अंधेरे ही बुढ़ऊ लम्बरदार हमारे पैर दबाने आते हैं। उनके पैर मींजने पर हम कुनमुनाए, लम्बरदार ने राम-राम की, हमारी नींद टूटी, लम्बरदार बोले, ''मालिक, अब तौ दुनिया माँ रहब मुश्किल हुइगा है, भला यू कौनो इन्साफ की बात आय कि न जान न पहचान न दुश्मनी न अदावत, कुच्छौ नहीं, औ' लै के मनई का भड़ से चाँटा जड़ि दिहिन औ' मनई का मारि डालिन।''

मैंने सोचा, कोई वारदात हो गई होगी। ब्योरा पूछा। लम्बरदार बोले, ''अरे मालिक, एक दुई!–हम कहिति हय कि आज दुई रोज़ माँ हियाँ सौ दुई सौ मनई का मार डालिन। सैंकड़न-हजारन का कानपुर माँ मारि के अब लखनऊ माँ आए हैं।''

थोड़ी देर बाद पत्नी आई, ''पूछा, अखबार में कोई खबर छपी है।''

मैंने कहा, "कोई क्या, खबरें ही खबरें छपी हैं, उसका नाम ही अखबार है।"

मेरी पत्नी चिढ़ उठीं, बोली "तुम बात का जवाब देना ही नहीं जानते। रहने दो, मैं बड़े से पूछ लूँगी।"

मैं सोचने लगा कि सुबह लम्बरदार ने बेमतलब जिन चाँटामार जान लेनेवालों की बात मुझे सुनाई थी वे स्वभाव में मेरी घरवाली या कहूँ कि आम तौर पर हर किसी की अधेड़ या बूढ़ी घरवाली से ज़रूरी मिलते-जुलते होंगे। बड़े बेटों-बेटी वालियाँ, बहुओं, दामादों, नाती-पोतों वाली सुहागिनें, अपने पतियों को बेबात की बात का नाच नचाना आरम्भ कर देती हैं।

आप ही न्याय कीजिए कि बिना जाने मैं यह कैसे समझ सकता हूँ कि वो कौन-सी खबर सुनना चाहती हैं। मगर उनके यों तुनुक के चले जाने पर कौन ज़बान खोले। यदि रस-शास्त्र की नायिका-भेदी दृष्टि से प्रौढ़-अधीरा कहूँ तो उनका मातृ-पद, सास-पद भृकुटियाँ तान-तानकर देखता है। बड़ी मुसीबत है, बंगाले के चाँटामार जानलेवाओं की अफवाह तो आज उड़ी, मैं तो कहता हूँ कि हर भाग्यवान घर में सदा से ऐसी चाँटेमार जानलेवा जादूगरनियाँ रही हैं। और लीजिए, मैं यह सब सोच ही रहा था कि श्रीमती फिर आ धमकीं, झुँझलाकर कहा, "बड़ा तो बड़ा जानलेवा है। वो अपने नाइट-शो सिनेमा के फेर में खबर को ही झूठी बताता है। मेरी हँसी उड़ाता है। तुम बता दो, खबर छपी है कि नहीं।"

उनका चेहरा देखकर मुझे दया आ गई। फिर भी थोड़ी छेड़खानी से बाज़ न आया। समझ तो गया था कि किस खबर से परेशान हैं, शर्लाक होम्स की बुद्धि से यह भी समझ गया था कि अभी महरी बर्तन मांजने आई है। उसी ने चाँटेमार जादूगरों की खबर सुनाई होगी। मगर अनजान बनकर बोला, "भई कौन-सी खबर बतलाऊँ। चीन की चिट्ठी पढ़कर सुनाऊँ या द्विवेदी स्मारक की खबर..."

"महरी कहती है कि अखबारों में खबर छप गई है।"

"कौन-सी खबर?"

"तुम हँसी उड़ाओगे! जाने दो।"

मेरी पत्नी उठने लगीं। मैंने देखा अपना मज़ा ही चला, तो चट से आँचल थामकर कहा, "मैं अभी अखबार वालों को टेलीफोन करता हूँ कि जिस चाँटेमार जादूगर से पब्लिक परेशान है उसे मैंने गिरफ्तार कर रक्खा है।"

"हाँ-हाँ, वही कलकत्ते के जादूगर!" मेरी पत्नी का मुख-कमल खिल उठा, बोली, "मैं जानती थी, तुम्हें ज़रूर खबर होगी। महरी कहती थी कि रात में साइकिल से उतरते हैं और किसी का भी मुँह नोंच लेते हैं, बस आदमी मर जाता है।"

मैंने गंभीर होकर कहा, "ये तो गंभीर खबर सुनाई तुमने? अब तक कितने मरे?"

"ये तो मालूम नहीं हुआ। महरी कहती थी कि कल रात मेडिकल कालेज के सामने ही एक केस हो गया। फौरन अस्पताल में ले गए, डाक्टरों ने कहा, मर गया। उसके चेहरे पर नाखूनों की खरोंच के निशान थे।"

मैंने कहा, "अखबार में तो ऐसी कोई खबर नहीं। न हो तो रेडियो की खबरें सुन लेना आज।"

"तुम्हें कैसे खबर लगी?" पत्नी ने पूछा।

"लम्बरदार ने कहा था, मगर तुम मुँह नोचने वाले जादूगर को बतलाती हो, वो चाँटेमार बखान रहा था। तुम्हारे जादूगर साइकिल पर आते हैं, उसके सात फिटिये जवान हैं जो रात में आकर दरवाज़ा खटखटाते हैं तार ले जाइए।"

"हाँ! हाँ! महरी यह भी कहती थी कि तार वाले और डाकिये बनकर भी आते हैं।" पत्नी ने समर्थन किया।

मैंने कहा, "एक बात और है, लम्बरदार के चाँटेमार जादूगर चार हैं और तुम्हारे मुँह-खसोट कितने हैं, इसकी ज़रा अपनी महरी से पक्की-पोढ़ी खबर लाओ तो सरकारी तौर पर जाँच कराऊँ।"

"अब तुम तो हँसी उड़ाने लगे।" मेरी पत्नी ने झेंपकर कहा फिर सोचती खड़ी रहीं, फिर कहा, "वैसे तो मुझे विश्वास है कि ये कोरी गप्प है। पर बड़ा जो रात को देर से आता है इसी से विश्वास नहीं होता।"

मैंने कहा, "देवी, तर्कशास्त्र के इस नये सूत्र के लिए ही तुम्हें डाक्टरेट मिलनी चाहिए।"

वे अपनी झेंप मिटाने के लिए मुस्कराईं और अपना बड़प्पन स्थापित करते हुए बोलीं, "तुम्हें याद है, एक बार जब लकड़बग्घों की गप्प उड़ी थी तब किसी बाबा जी की एक पगली को लकड़बग्घी कहकर कैसा शोर मचाया था।"

मैंने कहा, "मुझे तो याद है, तुम याद कर लो।"

इन चलते-फिरते गज़टों ने अक्सर अनर्थ तक कर डाला है। कई वर्ष पहले गोमती तट से पागलों का इलाज करनेवाले एक बाबा जी के आश्रम से रात में एग पगली भाग निकली। गर्मी के दिन थे। वह भटकते-भटकते एक ऐसे गरीबों के मुहल्ले में पहुँच गई जहाँ गली में ही खाटें बिछाए अनेक परिवार सो रहे थे। पगली का एक बच्चा कुछ महीनों पहले मर चुका था, किसी स्त्री के पास लेटे हुए छोटे बच्चे को उसने अपना समझ कर उठा लिया और कसकर चूमने-दुलारने लगी। बच्चा रोया, माँ की आँख खुली, अपने बच्चे को किसी की गोद में देखकर

वह चीखी। पगली भागी, जगार हो गई, लोगों ने पगली से बच्चा छीन लिया, पगली को खूब मारा-पीटा, कोतवाली में सुबह चार बजे लाकर बन्द करवा दिया। यह खबर मुँह अंधेरे ही दूर-दूर तक यों फैली कि एक लकड़बग्घी एक बच्चे को ले भागी। उसका कलेजा खा लिया। कोतवाली में पकड़कर आई है। उसके बड़े-बड़े नाखून हैं इत्यादि। लगभग साढ़े चार बजे तक चौक कोतवाली के फाटक पर लगभग हज़ार आदमियों का मजमा लग गया। जितना ही लोगों से यह कहा जाए कि लकड़बग्घी नहीं एक औरत है, उतना ही लोगों का यह विश्वास दृढ़ हो कि लकड़बग्घी है, ये तो पब्लिक में सनसनी न फैले इसलिए खबर छिपा रहे हैं। मैं पगली को देखने गया, पहचान लिया और थाने वालों से सारी स्थिति भी बयान की। उन्होंने कानूनी स्थिति मुझे समझा दी। मैं जब बाहर निकला तो अनेक आदमियों ने घेरा, "लकड़बग्घी है न?" मैंने कहा, "नहीं, पगली है।" एक पढ़े-लिखे जवान मुझसे तन गए, "वाह लकड़बग्घी है। इतने लोग झूठ कहते हैं?"

मैंने कहा, "मैंने तो औरत ही देखी।" वे ताव खाकर बोले, "भेस बदल लिया होगा।" इसका जवाब ही क्या था, मैं चुप हो गया।

एक बार आपको याद होगा कि कुछ छोटे शहरों और गाँवों में इंजेक्शन और टीके लगानेवालों के खिलाफ इन चलते-फिरते गजटों ने यह खबर उड़ा दी थी कि ये बच्चों की आबादी घटाने के लिए उन्हें टीके लगाकर मार रहे हैं। इलाहाबाद के पास फूलपुर गाँवों में कुछ कैमराधारी पत्रकार इसी धोखे में पिट गए, उनके कैमरे छीन लिए गए, मथुरा में एक बेचारा मलेरिया इंस्पेक्टर जनता के गुस्से का शिकार होकर बुरी तरह पिटा। बल्कि मुझे तो अब भी यही अन्देशा है कि इन चलते-फिरते गज़टों की कृपा से किसी दिन रात में कोई साइकिलधारी लम्बा जवान धोखे में जनता के क्रोध का शिकार न हो जाए। ऐसी खबरें सचमुच शहर का अंदेशा हुआ करती हैं। इन चलते-फिरते गज़टों ने फिलहाल मेरे घर में तो अंदेशा पैदा कर ही दिया है, सर्दी की रातों में अंधेरा यों ही जल्दी होता है और मेरी पत्नी परेशान होने लगती है–"अभी बड़ा नहीं आया, कितने बजे हैं। खबर सच्ची है जी, तुम लोग मानो या न मानो। दिन में धोबी आया वह भी कह गया, पास-पड़ोस..."

मैंने कहा, "तुम लोग सब ये झूठी-मीठी खबरें उड़ाकर किसी दिन किसी बेगुनाह को शहर में पिटवा दोगी, मुझे इसी का अन्देशा है।"

दफीने की खुदाई

साइंस का ज़माना है। आप जादू-टोने पर यकीन नहीं करेंगे। मैं भी नहीं करता था। मगर आपसे सच कहता हूँ, पिछले महीने-डेढ़ महीने के अन्दर मैंने जो देखा है, वह अगर सच नहीं तो सच से सवा-सोलह आना बढ़कर ज़रूर है।

हुआ यह कि लखनऊ में शाही खज़ाना खुदने लगा हमारे मुहल्ले में, अजी शहर के कोने-कोने में हर शख्श, जिसके पास भी दादालाई जायदाद थी, यही सोचने लगा कि हो न हो हमारे घर में भी करोड़ नहीं तो लाख अशर्फियों का घड़ा ज़रूर गड़ा है। घर-घर जन्मपत्रियाँ खुलने लगीं, पण्डित-मौलवियों के घरों की चौखटें अपने-अपने घरों के दफीनों का हाल जाननेवालों की आवाजाही में घिस गईं, सरकार का दफ्तर गड़ा धन खुदवाने वालों की अर्ज़ियों से पट गया... और हम बैठे-बैठे मज़ा लेते रहे। शहर दफीनों की अफवाहों से दबा जा रहा था, आए दिन दो-चार हम भी लाद देते थे।

मगर एक दिन हम पर भी लद गई जनाब! सुबह जो आँख खुली तो घर की लक्ष्मी कॉफी का प्याला लिए खड़ी मुस्करा रही थीं। यहाँ टुक बात का तार तोड़कर एक बात मतलब की कह दूं, अगर कभी आप मुझे अपने घर चाय पीने के लिए बुलाएँ और आपको अक्सर बुलाना भी चाहिए, तो चाय का मुहावरा बरकरार रखते हुए भी कॉफी ही पिलाइएगा। आपकी दुआ से मैं अस्सरे-नौ इंटेलेक्चुअल हो गया हूँ और चायवाली इंटेलेक्चुअलता अब पुरानी पड़ गई है। अच्छा तो खैर, कॉफी की एक चुस्की से दिमाग के दड़बों में सोए इज़्मों में कबूतर फड़फड़ाने लगे, मगर तब तक घरवाली बड़े नाज़ोअन्दाज से मुस्कराकर बोलीं, ‘‘सुनो, मुझे एक सपना हुआ है।’’

मैंने कुछ न कहा, मन में खीझकर सोचा कि ये घरवालियों की कौम भी अजीब है कि इन्हें हर वक्त कुछ न कुछ होता ही रहता है...कभी सिर में दर्द

होता है, तो कभी पेट में दर्द होता है, कभी औलाद होती है और कभी कुछ नहीं तो सपना ही हो जाता है। बहरहाल, गृहलक्ष्मी ने फिर मिठास घोली, कहा, "परसों रात में मैंने क्या देखा कि अपने घर के सामने वाले पीपल से सफेद कपड़े पहने हुए सफेद बुर्राक दाढ़ी वाले एक सैयद बाबा अपने घर की छत पर उतरे, नीचे आए और आकर सीधे भण्डारघर वाली कोठरी में घुस गए। फिर मुझसे कहा कि इसके नीचे ताँबे के दो देग गड़े हैं, एक छोटा है, उसमें चार लाख के जवाहरात हैं और जो बड़ा है उसमें एक लाख मुहरें हैं, ये तेरे भाग की हैं, तू ले ले। फिर सैयद बाबा ने मेरे सिर पर हाथ फेरा और बोले कि जा, तेरा घर राजमहल बन जाएगा। बस फिर मेरी आँख खुल गई, देखा तो सवेरा हो गया था।"

मैंने कहा, "बस-बस रहने दो, जान पड़ता है, तुम्हें भी शहर की हवा लग गई है। भला इन गप्पों में क्या धरा है?"

"चलो-चलो, रहने दो," वे बोलीं, "तुम्हें तो जितनी काम की बातें होती हैं, उनमें गप्प ही सूझती है। अरे कल मैंने पाटेनाले के एक मौलवी को बुलाकर पूछा था। उन्होंने कहा कि भोर का सपना, फिर सैयद बाबा की बात भला कभी झूठ हो सकती है?"

मैं कुछ देर तक तो उनका मज़ाक उड़ाता रहा, पर जब मेरी घरवाली ने यह बतलाया, "मौलवी साहब ने मुन्नी के अंगूठे के नाखून पर काजल लगाकर तस्बीह फेरी और कहा कि अगर दफीना हो तो इसपर उसकी फोटो बन जाए और बन भी गई।" तब यह हाल सुनकर मेरा जी भी ज़रा कुनमुनाया। मैंने कहा कि अच्छा आज उन्हें बुलवाओ। मैं भी देखूँ!

बड़े-बड़े बुलावों पर मौलवी पीरबख्श साहब तशरीफ लाए। सुरमगी आँखें, उनपर सुनहरा चश्मा, हिनाई दाढ़ी, सब्ज़ अमामा, सब्ज़ चोगा, दोनों हाथों में चाँदी की अंगूठियाँ और लोहे के छल्ले। मुझसे फरमाया, "आप अंग्रेज़ीदाँ लोग इन बातों पर यकीन नहीं करते। और मैं कहता हूँ कि बस यहीं...आप अपने हाथों से अपने पैरों पर कुल्हाड़ा मार लेते हैं, तकदीर को सिकन्दर से चुकन्दर बना देते हैं। आज मैं आपको वह करिश्मा दिखलाऊँगा कि आप भी कहेंगे कि हाँ, अल्लाहवाले से वास्ता पड़ा था।"

यह कहते ही जनाब, वह चट से उठे, जेब से रूमाल निकाला, उसमें टीन की दस डिबियाँ बँधी हुई थीं। बोले, "इनमें खुदा की खुदाई भरी हुई है। सात डिबियों में सात आसमानों को अपनी आँखों देखने के लिए सुरमे रक्खे हैं, आठवीं

में वह सुरमा है कि लगाकर अपनी छत पर बैठ जाइए और तमाम दुनिया का हाल देखिए, डिब्बी नम्बर नौ के सुरमे में वह तासीर है कि अगर लगाकर अपनी माशूक (बीवी नहीं) के सामने खड़े हो जाइए, तो उसके दिल का नज़ारा दिखलाई पड़े और दुश्मन के सामने खड़े हो जाइए तो उसके दिल का भेद लीजिए। और डिब्बी नम्बर दस में उल्लू की आँख का सुरमा है, जिसे लगाते ही आपको धरती में गड़ी दौलत नज़र आएगी।''

हम चित तो खैर हो नहीं सकते क्योंकि इंटेलेक्चुअल हैं—मगर फ्लैट ज़रूर हो गए। जी में आया कि डिब्बी नौ का सुरमा लगाकर पहले अपनी...मगर घरवाली सामने थीं, इसलिए डिब्बी नम्बर आठ का सुरमा आँजकर यू. एन. ओ. की पंचायत देखने की इच्छा की। मगर मेरी गृहलक्ष्मी उल्लूवाले बरमे पर अड़ गईं। मौलवी साहब ने पीतल की छड़ निकाली जिसके एक सिरे पर पंजा बना था और दूसरी ओर बारीक सुरमे की सलाई जैसी नोक थी। कुछ पढ़कर मौलवी साहब ने डिब्बी नम्बर दस पर तीन बार पंजा फेरा, डिब्बी खोली और फिर सुरमा-सलाई लेकर मेरे नज़दीक इस तरह खड़े हुए जैसे नाई हजामत बनाने के लिए उस्तरा लेकर खड़ा होता है।

आपसे हर 'इज़्म' की कस्म खाकर कहता हूँ, उल्लू का बरमा वह जादू है जो सिर चढ़कर बोलता है। सबसे पहले तो अपनी किताबों की अलमारी के पीछेवाली दीवार में ही नज़र गई। पलस्तर और लखौरी के दो गज़ अन्दर एक सेठानी जी की प्लाटिनम की कद्दे-आदम मूर्ति रक्खी थी, बह अपनी गोद में एक लल्ला लिए बैठी थीं।

मौलवी साहब ने उसे देखकर फिर पीतल के पंजे की हवा में कुछ आड़ा-तिरछा घुमाया। एक बार आसमान की ओर नज़र डाली, फिर अपने खुदा के हिनाई नूर पर उंगलियों से कंघी करते हुए बोले, ''ऊपर वाले का कहना है कि जिस सेठानी की यह मूरत है वह ईस्वी सन् 480 में नव्वाब नसीरुद्दीन हैदर के नगर-सेठ की बीवी थी, उसने जब लड़का गोद लिया था, तब लखनऊ के एक कुम्हार से यह मूरत ढलवाई थी।''

मेरी आँखों में उल्लू की आँखों का सुरमा अंजा था। गड़ा धन देख रहा था, मैंने सोचा कि कम से कम ढाई मन की तो यह मूर्ति होगी ही। प्लाटिनम की दुनिया में यों भी बेहद कमी है, इस मूर्ति को गलवाकर दो करोड़ रुपया पैदा कर लूँगा। फिर तो बस क्या अर्ज़ करूं, दिल बाँसों उछलने लगा, फिर देगचे देखे। अजी करोड़ों की दौलत! मन फूला न समाया। सोचा जब इतनी दौलत पा लूँगा तो फिर ठाट से अपने महल में बैठकर प्रगतिवादी कविताएँ रचा करूँगा।

दूसरे ही दिन मैंने मज़दूर बुलवाकर दीवार खुदवानी शुरू की। दिनभर में पूरी खुद गई, मगर प्लाटिनम की नगर-सेठानी न निकली। मैं बड़ा चकराया, दौड़ा मौलवी साहब के पास गया। वह डिब्बी नम्बर दस का सुरमा लिए दौड़े आए, आंजकर देखा तो कहने लगे कि "वल्लाह ऊपरवाले की कुदरत है। मूरत तो बाईं दीवार में सरक आई है।"

दूसरे दिन वह दीवार भी खुद गई, तब पता लगा कि ऊपरवाले की कुदरत से मूर्ति छत की दसवीं धन्नी में बने हुए दीमकों के बिल में घुस गई है।

मेरी घरवाली बोलीं, "लक्ष्मी चलती है, पहले इसको किसी से बँधवाओ तब यह पकड़ में आएगी।" मौलवी साहब ने एक परात में पानी मँगवाया और दसवीं धन्नी में एक दीमक के बिल के नीचे उसे रखवाकर फिर उड़द के सात दाने फूँककर मारे और कड़कड़ाकर कहा कि "थम जा!"

ऐ जनाब, ऊपरवाले की कुदरत, धन्नी इस जोर से फटी मानो नाइट्रोजन बम फटा हो! कमरे में उजाला ही उजाला फैल गया और धन्नी से एक औरत, जिसका आधा धड़ लोमड़ी का था, परात के पानी में छप से कूदी और बड़े ज़ोर से गुर्राती हुई हम लोगों की ओर दौड़ी।

आपसे सही अर्ज़ करता हूँ बस, जान बचाते ही बनी किसी तरह। और दो करोड़ की लक्ष्मी घर से भाग गई।

मेरी गृहलक्ष्मी ने कहा कि इन मौलवी साहब से न बनेगा, महरी बतलाती थी कि कालीबाड़ी में आजकल एक बंगाली पण्डित आया हुआ है, वो सातों विद्या जानता है। उसे कामरू-कमच्छा की देवी सिद्ध है।

मौलवी साहब को सुनकर तैश आ गया, बोले, "साहब, मेरे पास भी इल्म है। मैं भी अपना हुनर दिखलाऊँगा।"

दूसरे दिन से दो इल्मों की लड़ाई चली। एक तरफ मौलवी साहब बैठे, दूसरी ओर यंत्राचार्य, तंत्रतीर्थ, तंत्र-वाचस्पति पंडित पांचकौड़ी ढोल।

मौलवी साहब ने अपनी नम्बर तीन की डिब्बी का सुरमा आंजकर फलक नम्बर एक को देखा और फरमाया, "ऊपर वाले तेरी कुदरत। पहली डयोढ़ी पर जादू का ढोल बज रहा है। देख, मैं ये लैला, ये शीरी, ये हीरे, और ये सोहनी की चिट्टी उंगलियों के नाखूनों का, इनके आशिकों के खून में भिगोकर मुसल्सल चालीस चाँदनी रातों में तैयार किया हुआ सफूफ फेंकता हूँ, ऊपरवाले की मेहर से ढोल फट जाएगा।"

यह कह के झोली से एक पुड़िया निकाली और जो चुटकी फूँकी तो ऐसा मालूम हुआ कि ज़मीन से आसमान तक हज़ारों उड़न-तश्तरियाँ उड़ रही हैं। पलक मारते ही दुनिया दहला देने वाला धमाका सुना। देखते ही देखते आसमान का पर्दा फट गया। स्टेज के सीन की तरह फटा और सामने ही, पहली ड्योढ़ी पर ढोल बजता नज़र आया। उड़न-तश्तरियाँ ढोल पर यों टूटीं गोया बाज टूटे हों।

इधर पण्डित पाँचकौड़ी ने भी आकाशी ढोल को देखकर ठहाका लगाया और वह हज़ारों तश्तरियाँ ढोल में समाती चली गईं। ढोल बजता रहा।

अब ढोल मोशाय बोले, "अब बोलो ओश्ताद, अब हम दूशरा आकाश में जाता हाय।"

फिर सीन बदला, फिर बदला। हम सब ठगे-से खड़े देखते ही रह गए! कभी मौलवी साहब कल्लू बीर को भेजते तो पण्डित जी चौंसठ योगनियों में से एक को उसके पीछे छोड़ देते, भैरों, बरनापीर, चण्डी, मुण्डी, मसानी जाने कौन-कौन-से देवता-पीर आपस में भुगत गए। कभी ये शेर बनें तो वे चूहा बनकर बिल में घुस जाएँ...तो फिर वह साँप बनकर इन्हें निगलने को झपटे और वह भैंसा बन जाएँ। अल्लमा-अल्लमा! मैं सोचने लगा कि जब जादू-टोनों की लड़ाई में ये करिश्मे है तो साइंटिफिक लड़ाई में खुदा जाने क्या हाल होगा। सोचता तो और भी बहुत कुछ, क्योंकि जो जादुई इल्मों के युद्ध ने दिमाग में 'इज़्मों' के कबूतर जगा दिए थे, मगर यह कि सोचने की फुरसत ही कहाँ थी भाईजान!

पाँचकौड़ी जी एक मन्त्र पढ़कर भेड़िया बने, पीरबख्श साहब चट से मुर्ग बन गए। भेड़िया पण्डित हँसे, कहा, "ब्याटा आप फोंशा। हाम तुमको आब येई जोनी में बाँध देता है।" यह कहकर उन्होंने एक जवा-कुसुम का फूल मुर्गे पर तान मारा।

बेचारे पीरबख्श फिर बेबस मुर्ग ही बने रहे। घर से बाहर उड़ गए एक कबड़िये ने पकड़ लिया। शहर में एक और जगह खज़ाना खुद रहा था, वहाँ खजाना भाँपने के लिए एक मुर्ग की ज़रूरत थी। वहाँ के मौलवी साहब ने हमारे मौलवी साहब को मन्त्र पढ़कर खज़ाने पर उड़ाया। जब खज़ाने पर पीरबख्श को किसी दूसरे जादूगर का मुर्गा बनकर उड़ना पड़ा तो बड़े फड़फड़ाए। तभी चट से ऊपरवाले की मेहर से इन्हें एक मन्तर याद आया। आते ही इनकी रूह सिगरेट के धुएँ-सी हवा में उड़ गई। मुर्ग की लाश गिर पड़ी। बेचारे खज़ाने वालों का सगुन बिगड़ गया।

खैर साहब, मौलवी पीरबख़्श फिर मेरे घर आ डटे, उस समय पाँचकौड़ी जी हमारा खज़ाना खुदवाने का उपाय कर रहे थे।

पीरबख़्श गरजे, कहा "देखें, अब तू इसे क्योंकर खज़ाना दिलवाता है। देख मेरा ज़ोर!" यह कहकर फूँक मारी तो ज़मीन फट गई, दोनों देगें निकल आईं और आस्मान की ओर उड़ चलीं। मौलवी साहब उनके साथ उड़े। ढोल पण्डित ने यह देखकर फेंटा कसा और उड़े। उड़ते-उड़ते दोनों चले जा रहे थे। कभी वो आगे तो कभी वह पीछे। कभी धन इनके साथ तो कभी उनके साथ...दो इल्मों की इस आस्मानी लड़ाई के बीच में लक्ष्मी फुटबाल बन गई। तेज़ी इतनी कि पौने पाँच सेकेण्ड में लखनऊ से कानपुर पहुँच गए।

मौलवी साहब ने इस बार दोनों देगें हथिया लीं और उन्हें लेकर तेज़ी से उड़े। बीच में मेमोरियल बेल पड़ा। मौलवी साहब ने लपककर दोनों देगें कुएँ में डाल दीं। उसमें गदर में मारे गए अंग्रेज़ों के अनगिनत प्रेत हैं जिन्होंने अब भी 'क्विट इण्डिया' नहीं किया।

मौलवी ने ठहाका लगाकर कहा, "हः-हः, अब कैसे पाओगे!"

ढोल बोले, "खैर, कोई हर्जा नेईं। इशमें कुछ काल ओबलश लगेगा पर तुमको हाम शूंश शाँप बोना देगा। मुर्गा जोन से तुम छूट गया, कारोन कि मुर्गा बौत हैं, परन्तु शूंश शाँप बौत कम हाय।"

अब आपसे क्या अर्ज़ करूँ! कानुपर के मेमोरियल वेल से माल रोड पर आनेवाला सूंस-साँप हमारे बेचारे मौलवी साहब हैं। बेचारे अजायबघर में रक्खे गए।

ढोल उसकी दशा देखकर बोले, "एक मानुष को पोशु बना कर हाम अच्छा नेईं किया। अतः अब श्री तीर्थराज के शोंगम की एक शूंश को हाम मानुष बनाएगा।"

29 अक्टूबर की रात को 12 बजे संगम पर तन्त्रतीर्थ पाँचकौड़ी ढोल एक सूँस को मनुष्य बनाएँगे। उन्होंने मुझे यह चमत्कार दिखलाने का वचन दिया है।

लखनवी होली

इसमें न तो मेरा ही दोष मानिएगा और न यश। कारण यह है कि 'नवजीवन' सम्पादक ने होली के दिन सवेरे ही सवेरे अचानक टेलीफोन से मुझे अपने घर पर बुलाकर बड़े नाटकीय ढंग से डबल गहरी केसरिया भंग पिला दी और जब पहला ज़न्नाटा आया तो बोले कि पण्डित जी, गुसाईं जी ने आपद्काल में चार को परखने के लिए कहा है। आज आपकी मित्रता कसौटी पर है। होली के कारण हमारे रिपोर्टर आज अचानक गायब हो गए हैं। होली के दिन युवकों को कोई क्या कह सकता है और अखबार का काम, आप जानते हैं कि रुक नहीं सकता। इस संकट से आप ही आज हमें उबारिए। मैं सरदार अहमद का ठेला आपको दिलवाए देता हूँ। ड्राइवर के पास पर्याप्त धन रहेगा, वह बराबर पान-मिष्ठान्न, दूध-मलाई, इत्र-फुलेल, फूल आदि से आपका चित्त प्रफुल्लित रक्खेगा। आप आज हमारे लिए खबरें लाइए। मैंने कहा कि आपने मुझे अजब झमेले में डाल दिया। गहरी भाँग बड़ी उच्चकी होती है, एक स्तर पर कभी रहने ही नहीं देती! खैर! जब फँस ही गया तो उसी चाल से मैंने भी गुसाईं जी की दुहाई देकर अपने मित्र थी सर्वदानन्द को फँसाया। सर्वदानन्द ने श्रद्धेय बाबू जी (डॉ. सम्पूर्णानन्द जी) की सीक्रेट फाइल में से जवाहरलाल जी का यह पत्र चुराकर मुझे नकल करा दिया। जवाहरलाल जी का यह पत्र कितना महत्त्वपूर्ण है, पाठक पढ़कर खुद ही अन्दाज़ लगा लें :

''माई डियर सम्पूर्णानन्द! तुम्हारी अष्टग्रही की चेतावनी को मैंने कृष्ण मेनन की एलेक्शन मीटिंगों के लिए बम्बई जाने पर खूब अच्छी तरह से महसूस किया। मेरी एक फण्डामेण्टल मजबूरी यह है कि इण्टरनेशनल कारणों से तुम्हारी एस्ट्रालॉजिकल सायंस के मुतल्लिक कोई पब्लिक स्टेटमेण्ट नहीं दे सकता। हाउएवर, मैं तुमको तहेदिल से उस चेतावनी के लिए धन्यवाद देता हूँ। तुम्हें इस वक्त खत लिखने

का मेरा खास मकसद यह है कि मेरे सामने राष्ट्रीय जलशक्ति अनुसंधानशाला की रिपोर्ट रक्खी है। उनका कहना है कि होली में हर साल जितना पानी बरबाद किया जाता है उतने पानी से देश के तीन हज़ार सिनेमा घरों में बिजली सप्लाई की जा सकती है। यह तो बड़े नुकसान और फिक्र और अफसोस की बात है। अलावा इसके, कुछ भी कहो, हमारी फिल्में भारत में भावनात्मक एकता ला ही रही हैं। कश्मीर से कन्याकुमारी तक हर तरफ एक-से गीत गाए जाते हैं। इसलिए ये कला की रक्षा का सवाल भी है। मैं हिन्दुस्तानी संगीत को बहुत सुनने के बाद भी अपने आपको उसका कुदरती एडमायरर नहीं बना पाया क्योंकि नहाते वक्त कभी गुनगुनाने की ज़रूरत महसूस करने पर मैं अब तक पुरानी अंग्रेज़ी तर्ज़ें ही गुनगुनाता हूँ। तुम इस फन के भी माहिर हो, लिहाज़ा मैं चाहता हूँ कि तुम सिनेमाघरों की अहमियत पर ज़ोर देते हुए होली की दकियानूस रंगबाज़ी बन्द करने के लिए कानून बनाने की सिफारिश अपनी भावनात्मक एकता की रिपोर्ट में करो।

तुम्हारा–जवाहर!''

सर्वदानन्द के घर से ही मैंने मद्रास में अपने पुराने मित्र और तमिल 'कल्कि' तथा अंग्रेज़ी 'स्वराज्य' के मैनेजिंग डायरेक्टर श्री सदाशिवम् से ट्रंककॉल मिलाई। गोसाईं जी की 'धीरज धर्म मित्र अरु नारी' वाली उक्ति के जोड़ ही की कोई उक्ति तमिल भाषा में लिखित महाकवि कम्बन की रामायण से पढ़कर भाव समझने की प्रार्थना मैंने सदाशिवम् जी से की। वे चक्रवर्ती राजाजी के खास आदमी हैं। उन्होंने मुझे इस प्रकार समाचार दिया :

''हाल ही में अमेरिका ने सूर्य का अनुसंधान करने के लिए शून्य में एक अनुसंधानशाला खोली है। उससे उपलब्ध कुछ तथ्य और आँकड़े आज ही अमेरिकन एम्बेसी ने श्री राजाजी के पास भेजे हैं। उनसे यह पता चला है कि सूरज के सात रंगों में से साढ़े तीन दशमलव जीरो-जीरो सात रंगों का स्टाक अकेले भारत देश की होली में ही प्रति वर्ष खर्च हो जाता है; इसलिए रंगों के असंतुलन से सूरज दिनोदिनल लाल होता जा रहा है।'' इसके बाद सदाशिवम् जी ने मुझसे कहा कि ''अवर राजा जी इन टेर्रिब्ली एंग्री ओवर दिस। वे एक वक्तव्य देने वाले हैं।'' वक्तव्य मैंने फोन पर ही लिख लिया है जो इस प्रकार है, ''सारी दुनिया को इस बात से जबरदस्त धक्का लगेगा कि भगवान सूर्यनारायण क्रमशः कम्युनिस्ट होते जा रहे हैं। जवाहरलाल हर साल होली खेलकर कम्युनिज़्म को बढ़ावा दे रहे हैं। दिस इज़ अधर्मा। लाइक बकासुर द कांग्रेस इज़ डिवावरिंग गाड सूर्यनारायण।''

मुझे यह भी बतलाया गया है कि राजा जी रानी गायत्रीदेवी पर इस बात का दबाव डाल रहे हैं कि वे अपनी जीती हुई सीट से हारे हुए प्रो. रंगा को उपचुनाव कराके जिता दें जिससे कि लोकसभा में रंगान्दोलन ज़ोर पकड़ सके।

इसके बाद एक टिप श्री उपेन्द्र वाजपेयी से मुझे मिली। खबर यह है कि विभिन्न पार्टियों के हारे हुए कुछ लीडरों ने मिलकर अपनी पराजय के कारण ढूँढ़ने के लिए एक सर्वदलीय जाँच समिति बनाई है। सर्वश्री आचार्य कृपलानी, राममनोहर लोहिया, अटलबिहारी वाजपेयी, अशोक मेहता, हरगोविन्द सिंह, त्रिलोकी सिंह और राजनारायण सिंह आदि ने एक स्वर से पराजय के कारणों में प्रमुखतम कारण गालियों का स्टाक समाप्त हो जाना बतलाया है। प्रायः सभी पार्टियों और वर्गों के हरैलों से इण्टरव्यू करने के बाद इन लीडरों का कहना है कि होली के भड़वे प्रति वर्ष गालियों के कोष का अपव्यय कर डालते हैं। यदि एक पंचवर्षीय योजना बनाकर होली के दिनों में उन्हें रोका जाए तो अगले चुनाव तक हर पार्टी के पास गालियों की इतनी प्रचण्ड शक्ति होगी कि हर पार्टी एक-दूसरे को खुलकर माँ-बहन तक की सनातन लोक-सांस्कृतिक गालियाँ देने में समर्थ हो जाएगी।

इस समाचार के लिए उपेन्द्र को बेनबो के रसगुल्ले खिलाकर और स्वयं छककर खाने के बाद नशे के आखिरी ज़न्नाटे में जो आगे चले तो हमारी कार शिवसिंह सरोज के रिक्शे से भिड़ गई। खैर! रिक्शा-कार दोनों ही बालबाल सही-सलामत बच गए। इस अचानक मिलने को सरोज जी ने तीन खबरें मुझे देकर सार्थक बना दिया। सरोज ने एक तो चलती हुई साहित्यिक खबर यह दी कि श्री निर्मलचन्द्र चतुर्वेदी ने श्री चन्द्रभान गुप्ता जी से कहकर हमारे श्रद्धेय भैया साहब राय बहादुर पण्डित श्री नारायण जी चौबे को भाँग की ठेकी खोलने का लाइसेन्स दिला दिया है। सरोज ने बतलाया कि पं. इलाचन्द्र जोशी इस समाचार को सुनकर भैया साहब से साझा करने की योजना लिए मन ही मन में घुट रहे हैं, किन्तु उनके मन का एक भी विस्फोटक तत्त्व उनके स्वभावगत संकोच को तोड़कर भैया साहब से स्पष्ट रूप से कह नहीं पाता।

दूसरे यह बतलाया कि श्री बेढब बनारसी अपने नाश्ते के लिए काशी से एक हण्डिया में पाँच सेर मगदल लाए थे। बेधड़क, भ्रमर और योगीन्द्रपति त्रिपाठी ने वह हण्डिया उड़ाई तो साथ-साथ, पर बाद में बँटवारे पर झगड़ा हो गया। इसी बीच में पड़ोसी अधिकार प्रेस वाला कोई कम्युनिस्ट हण्डिया लेकर चम्पत हो गया।

तीसरा एक छपा हुआ साहित्यिक वक्तव्य सरोज ने मुझे दिखलाया जो कि होली के मेले में वितरित किया जाएगा। वक्तव्य श्री भगवतीचरण वर्मा, श्री रामधारी

सिंह दिनकर और श्री यशपाल ने सम्मिलित रूप से दिया है। वक्तव्य का शीर्षक है, 'होली में आग का दुरुपयोग, एक अनन्त मार्मिक समस्या।' वक्तव्य इस प्रकार है :

''हम भारत के साहित्यकार होली के अवसर पर अपने समाज द्वारा मनों-टनों लकड़ी फूँककर मूल्यवान राष्ट्रीय सम्पत्ति का नाश करने की सनातन प्रवृत्ति को महती चिन्ता और महद् चिन्तन की दृष्टि से निरन्तर देखते ही चले जा रहे हैं। इससे मानवता का साहित्यिक, सांस्कृतिक, आर्थिक, नैतिक एवं सैद्धान्तिक अकल्याण हो रहा है। होली ऐसे मौसम में आती है जबकि आग तापने का मज़ा खत्म हो जाता है। होली की आग में चाय या खाना भी नहीं पकाया जा सकता क्योंकि यह अधर्म है। होली युगों-युगों से धू-धू कर जलती हुई मानो अपनी मौन लपटों में आहें भर-भरकर कहती है कि 'मैं बिरहिन ऐसी जली कोयला भई न राख।'

''होली में आग चूँकि जलाई जाती है इस कारण से आग 'लगाने' के सुन्दर सुरुचिपूर्ण मुहावरे को नाजुक ठेस पर ठेस निरन्तर लगती ही चली जा रही है। इससे साहित्य के प्रति घोर अन्याय हो रहा है। लोगों को यह सोचना चाहिए कि आखिर भुस में आग लगाकर दूर खड़ी होनेवाली बी जमालो क्या किया करेंगी। यदि होली ही जलेगी तो फिर एक-दूसरे का वैभव देख-देखकर जलनेवाली मानवीय प्रवृत्ति का आखिर क्या होगा? शुद्ध साहित्यिक दृष्टि से विरह की आग में जलना ही श्रेष्ठ है। अतः होली के दिन सबको अपने-अपने अन्तर में प्रचण्ड विरहाग्नि प्रज्वलित करनी चाहिए। जो जिसके विरह में जलना चाहे जले, होली में इसकी पूरी स्वतन्त्रता है। इस प्रकार होली मानव के मौलिक अधिकार का पावन दिवस बन जाएगा जो युग की धर्म-निरपेक्षता की माँग के सर्वथा अनुकूल होगा। इससे होली के प्रगतिशील समाजवादी तत्त्वों का पोषण होगा। आर्थिक दृष्टि से देश को यह लाभ होगा कि विरही राष्ट्र खाना कम खा पाएगा। अन्न की समस्या हल होगी। दूसरे, राष्ट्रीय बेकारी की समस्या भी सुलझ जाएगी क्योंकि विरही जनों को अर्ज़ी लगाने का अवकाश ही न मिलेगा। बची हुई लकड़ी के छोटे-बड़े कठघरे बनवाकर शेर-बन्दर, साँप-अजगर आदि भारत के विचित्र जानवरों को विदेशों में बेचने और सांस्कृतिक आदान-प्रदान करने से राष्ट्र को एक नया लघु उद्योग मिलेगा। इसके बाद भी जो लकड़ी बच रहेगी वह शहीद हो जाने वाले विरही और विरहिणियों को पंचत्व में मिलाने के काम आएगी।

''हम अपनी अनुभवी दूरदृष्टि से यह सहज ही देख रहे हैं कि इस महान राष्ट्र में अब भी ऐसे गैरतदार मौजूद हैं जो किसी न किसी के विरह में अपना

प्राणोत्सर्ग कर सकते हैं। आर्थिक तंगी से त्रस्त राष्ट्र ऐसी महान आत्माओं के उस महाक्षण की बड़ी उत्सुकता से बाट देखेगा। हम भारत के साहित्यकार कविकुल-गुरु कालिदास के नवविरही यक्ष-यक्षिणियों की आगामी अमर शहादत के प्रति अभी से ही अपनी शाश्वत श्रद्धांजलि अर्पित करते हैं और यह आशा करते हैं कि अपने अन्तिम महान क्षणों में वे महाकवि पन्त का यही गीत गाते रहेंगे : 'बाँध दिए क्यों प्राण प्राणों से; 'तुमने चिर अनजान प्राणों से'।''

इस साहित्यिक वक्तव्य के नीचे श्री शिवसिंह सरोज के व्यक्तिगत प्रभाव से प्राप्त डिप्टी मेयर कैप्टेन वेदरत्न मोहन की डायर मीकिन कम्पनी का कलात्मक विज्ञापन भी छपा है। 'विरहियों की चिर संगिनी...' आगे व्हिस्की-बियर की बोतलों के चित्र हैं।

बोतलों के चित्र देखते ही हमारा भंग का नशा उखड़ गया : इच्छा रहते हुए भी फिर कहीं हम जा न सके।

जन्तर-मन्तर

मन्तर के बल से आदमी को शेर से भेड़ बना देनेवाले पाटेनाले के शाहजी शैतान की भाँति प्रसिद्ध हैं। होली, दिवाली या दशहरे की आधी रात को मसान में किसी शव की छाती पर बैठकर, तेली की खोपड़ी में बकरे के रक्त की स्याही रखकर सुर्खाब के पर से उल्लू की कलेजी पर ऐसा जन्तर लिख देते हैं कि आदमी की क्या हस्ती, शैतान भी कुत्ते की तरह दुम हिलाने लगता है। कादिर मियाँ का कहना है कि उनका सिन पौने चार सौ बरस का है, परन्तु मौला पहलवान उनकी आयु सवा चार सौ बरस की बताते हैं।

नवाब मुन्ना साहब के हाते में बसने वाले दूकानदार दो सौ रुपए माहवार के वसीकेदार चन्दा नवाब उर्फ चाँद लखनवी के शब्दों में ऐन एतवार के दिन इतमीनान के साथ बैठकर बनाए गए खुद अल्ला मियाँ की कारीगरी के खास नमूने हैं।

उस दिन ज़रा-सी बात पर पीरबख्श ने कादिर मियाँ की पटाबनेठी के फकत दो ही चार हाथ दिखाकर गम खा लिया। कादिर मियाँ उस हाते में पिछले चार साल से बरफ बेचते हैं, और पीरू सिर्फ इसी साल से फुटपाथ पर तराज़ू लटकाकर बरफ़ की दो सिलें लेकर बैठकर कहने लगा है–"पाँच आने मन लुटा दिया, भाई!"

एक दिन कादिर मियाँ के पुराने ग्राहक छोटे मिर्ज़ा ने पीरू से एक पैसे की बरफ खरीद ली। कादिर मियाँ की छाती पर जैसे किसी ने मुक्का मार दिया अपने को संभालकर कादिर ने उनसे कहा–"आप भी हुजूर, आज किसके कहे में आ गए? भला वह बरफ खरीदने काबिल है?"

छोटे मियाँ ने मुस्कराकर कहा, "क्यों भई, उसमें खराबी क्या है?"

"अजी, हुजूर, सदरवाली पल्टन के गोरे इसी के पानी से नहाते हैं। जितनी बरफ बची उसे अरदली-बेरा लोग इन ऐसों के हाथ बेचकर अपने कौड़े सीधे

करते हैं। तभी तो बेचते हैं पाँच आने मन। हमारे यहाँ तो सरकार, सीधे 'डीपू' से माल आता है। जैसा आर्डर हुआ वैसा ही किया। डीपू वाले अभी कह दें कि दो आने मन बेचो, हम दो आने बेचें, नहीं तो चाहे घुल जाए, आठ आने से पौने आठ नहीं हो सकते गरीबपरवर, हाँ।''

भाई रमजानी ने कादिर मियाँ को टोकते हुए गम्भीरतापूर्वक मुँह बनाकर कहा, ''अमाँ, होगा भी। तुम भी यार, बस वही काजी जी दुबले क्यों? कहे शहर के अन्देसे से। न भाई, दूर करो इस झगड़े को। असल असल ही है और नकल नकल ही। ये बेटा पीरू कै दिन बरफ बेचेंगे?''

कादिर मियाँ की पीठ पर हाथ रखकर रमज़ानी ने उसे तसल्ली दी। छोटे मियाँ मुस्कराकर चले गए।

पीरू मियाँ शाने हिलाते और कदम तौल-तौलकर रखते हुए कादिर की दूकान तक आए और अकड़कर कहने लगे, ''शक्ल चुड़ैल की, मिज़ाज परियों के। कसम खुदा की, वह भर्राटेदार रसीद किया होगा कि सब सिट्टी-पिट्टी गुम हो जाएगी, बेटा। हमारे गाहकों को भड़काता है?''

''हूँ! क्या सहल समझ लिया है किसी को भर्राटेदार रसीद कर देना। किसी सकत के पाले नहीं पड़े हो अब तक, वरना यह सारी सेखी हवा हो जाती मियाँ, समझे?'' अकड़कर छाती बाहर की ओर निकालते हुए कादिर ने कहा।

दो कदम आगे बढ़कर पीरू बोला, ''क्या कहा—ज़रा फिर से कहना?''

''कहा क्या, जो जी में आया कहा। तुमसे जो बनाए बने बना लो।'' कादिर की घुटी हुई खोपड़ी पर पीरू का कड़ाकेदार हाथ पड़ा चट से। दो-तीन आदमी बचाव करने के लिए बीच में पड़ गए। ज़मीन से गिरी हुई दुपल्ली टोपी को उठाकर सिर पर जमाते हुए कादिर ने कहा, ''बड़े सोरे-पुस्त बनते हैं। रुस्तमे-हिन्द हो रहे हैं। क्या कमज़ोर समझ के झप से मार दिया। जवानी की कसम, इसका बदला न लिया तो नाम कादिर नहीं। मुसलमान नहीं काफिर कहना, काफिर, हाँ।''

पीरू कुसी पर चुपचाप बैठा-बैठा हाथ की नसें चटकाता रहा। कादिर रमज़ानी से धीरे से कहने लगा, ''शाह के यहाँ चलते हो?''

''कौन शाह?''

हल्के हाथ से ताली बजाकर एक हाथ गाल पर रखते हुए चकित चितवनों से एक क्षण तक चुपचाप देखते रहने के बाद कादिर मियाँ बोले, ''ये लीजिए। ये मज़ा देखो—अमाँ तुम पाटेनाले के शाहजी को नहीं जानते? लखनऊ में रहते हो? सारी खिलकत तो दौड़-दौड़कर उनके कदम चूमती है और...''

कुछ झेंपती हुई आवाज़ में रमजानी ने बात काटते हुए कहा, "समझ गए मियाँ। अच्छा, उनके यहाँ क्या करोगे जाकर?"

"उनकी मेहरबानी से दो दिन में बेटा की आँतें न कट जाएँ तो मूँछ मुँड़वा दूँ। इसने समझा क्या है?"

रमजानी ने कहा, "हाँ यार, उनके बारे में सुना तो हमने भी बहुत कुछ है, लेकिन कभी साबका नहीं पड़ा।"

हाथ आगे की ओर बढ़ाकर, हवा में इशारे बाँधते हुए कादिर ने कहा, "अमाँ, वह आदमी थोड़े हैं। कसम खुदा की, पूजने लायक चीज़ है। अभी चार-पाँच दिन की बात है, जब्बार की बीवी के सर का भूत बड़ी सफाई से बैठे ही बैठे चुटकी बजाकर उतार दिया। टिकैतगंज वाले हुसेनी के ऊपर, तुम तो जानते ही हो, कैसी ज़बरदस्त मूठ फेंकी गई थी। मगर भाई वाह, कमाल है शाहजी को, जैसे ही उनको पता लगा, वह खट से मूठ फेरी कि चलानेवाले का सफाया हो गया। हुसेनी उनके खास मुरीदों में से हैं ना।"

रमजानी मियाँ आश्चर्यचकित-से कादिर की ओर देख रहे थे। एक क्षण तक निस्तब्ध रहकर उन्होंने कहा, "अमाँ हाँ!"

कुछ मज़ाक-सा उड़ाते हुए मुस्कराकर कादिर बोले, "यह लीजिए आपको ताज्जुब हो रहा है। अमाँ वह फरिश्ते हैं! फरिश्ते! अभी तो दम-भर में तुम्हें विलायत पहुँचा दें, और सारे विलायत को लाकर ऐशबाग के रामलीला वाले मैदान में बसा दें। तुमने उनको समझा क्या रक्खा है?"

कादिर ने रमजानी को अपनी बातों से प्रभावित कर उनमें शाहजी की ज़ियारत करने की एक प्रबल भावना उत्पन्न कर दी। लच्छेदार बातों से अब वह अपने कौतूहल को अधिक न बढ़ने दे सका। उसने आग्रहपूर्वक कादिर मियाँ से कहा, "अमाँ, भाई, कब चलते हो उनके यहाँ? तुम भी यार खामखा को देर कर रहे हो। इन बेटा पीरू को खूब सबक मिलेगा उस्ताद, चोर साला!"

2

अवध की नवाबी से भी सम्भवतः दस-पाँच वर्ष पहले ही पाटेनाले का वह मकान बना होगा। सामने की छोटी-छोटी पुरानी लखौरी ईंटें मकान से अपना सम्बन्ध छोड़कर दीवार को खोखला कर चुकी थीं। एकमंजिला छोटा-सा मकान सन् चौंतीस के भयंकर भूकम्प, और उससे भी बहुत पहले सन् सत्तावन के गदर की स्मृतियों की छाप अपने शरीर पर लगाकर जीर्ण-शीर्ण दशा में आज भी अपना

एक महत्त्व रखता है। सामने छोटा-सा बैठकखाना, जिसमें एक फटी हुई दरी बिछी हुई, एक चौकी पर पुराना-सा गद्दा, उसपर तेल और स्याही के सैकड़ों धब्बों से भरी हुई दस-बारह पैवन्द लगी हुई छोटी-सी सफेद चादर पर मैला-सा गाव-तकिया रक्खा हुआ था। यही शाहजी का आसन था। चौकी के सामने एक छोटी-सी तिपाई पर लोहे का एक पंजा, दस-बीस लाल कपड़े के बने हुए गण्डे-तावीज़ और मिट्टी के प्याले में धूप और लोबान रक्खी हुई थी। चौकी के दूसरी ओर हुक्का और गडुआ रक्खा था। नीचे फर्श पर शाहजी के दो-तीन मुरीद और चार-पाँच ताबीज़ पाने वाले इच्छुक बैठे हुए शाहजी के आने की प्रतीक्षा कर रहे थे।

एक ने कहा, ''तुमने कुछ सुना, कल मौलवी गंज में डाका पड़ा था?'' दूसरा बोला, ''अमाँ हाँ भाई, दिन-दहाड़े डाका। अंग्रेज़ी राज न हुआ, अपने हिसाब जैसे नवाबी हो गई। साठ का सिन होने आया। जो कानों से सुना करते थे, वह अब आँखों से देखने में आ रहा है, भाईजान!''

तीसरे ने कहा, ''यह कांग्रेसी राज है। सरकार कोई नादान थोड़े ही थी कि झट से सौराज दे दिया! गाँधी जी बहुत सौराज-सौराज चिल्ला रहे थे। सरकार ने कहा, 'लो, हमने दे दिया, अब करो इन्तज़ाम बस भाई, उन्होंने सौराज तो दे दिया और झट से जेल से डाकू लोग छोड़ दिए...।''

विस्मित भाव से चुपचाप सुनते-सुनते पहले व्यक्ति ने ताली पीटते हुए कहा, ''यह लीजिए। मैं अब तक सोच रहा था कि यह आखिरकार कांग्रेस के वज़ीरे-आजम, वही क्या भला-सा नाम—अरे वही पन्थजी, यहाँ क्यों आए थे?''

कादिर और रमजानी ने इसी समय कमरे में प्रवेश किया। सब आँखें एक बार, एक साथ ही उनकी ओर उठ गईं और फिर लोग कौतूहलपूर्वक बोलने वाले व्यक्ति से एकसाथ ही पूछ बैठे, ''अमाँ, क्या पन्थजी आए थे? अपने शाहजी के पास?''

दूसरा और बोला, ''हाँ भाई, इसमें ताज्जुब की कौन-सी बात है? हमारे शाहजी कुछ ऐसे-वैसे थोड़े ही हैं। सातों विलायत तक इनका नाम रोशन है, मियाँ, समझते क्या हो?''

क़ादिर ने रमजान की पीठ पर टहोका मारकर धीरे से कहा, ''सुन लिया भाई, पन्थजी तक यहाँ आते हैं।''

रमजानी मुग्ध भाव से मौन हो बैठा हो रहा। उसके मुख की चेष्टाएँ साफ बतला रही थीं कि शाहजी के प्रति उसके मन में अगाध श्रद्धा के भाव उत्पन्न हो रहे हैं और उनके दर्शन करने की इच्छा प्रतिक्षण तीव्र होती ही चली जा रही है। उसने कादिर से प्रश्न किया, ''शाहजी कब तशरीफ़ लाएँगे भाई?''

कादिर ने उससे कहा, "अब आते ही होंगे।" फिर बैठे हुए व्यक्तियों से अपना परिचय कराने के लिए उसने नम्रतापूर्वक कहा, "तो पन्थजी किस सिलसिले में आए थे, भाई जान?"

उसने कहा, "अब यह तो कैसे बताएँ मियाँ! कल दोपहर में उनकी मोटर यहीं गली के नुक्कड़ पर आकर खड़ी हुई। मैं इत्तफाक से वहीं खड़ा सलारू की दुकान पर बीड़ी ले रहा था। सामने देखा तो पन्थजी। उन्होंने मुझसे ही शाहजी का पता पूछा। मैं उन्हें यहाँ ले आया। फिर दो घण्टे तक मुतबातिर पन्थजी और शाहजी में अकेले में बातें होती रहीं। चलते वक्त मैंने देखा, उनके हाथ में तावीज़ थे। अल्लाह जाने भाई, क्या राज़ है। बड़े लोगों की बातें वही जानते हैं।"

दूसरा व्यक्ति बोला, अमाँ, आए होंगे वही अपनी सल्तनत के सिलसिले में। यह कांग्रेस वाले हैं। अंग्रेज़ी पढ़े-लिखे हैं तो क्या हुआ, अपना धर्म-ईमान थोड़े ही छोड़ते हैं ये लोग।"

सब लोग इस बातचीत से प्रभावित होकर कुछ देर के लिए मन्त्रमुग्ध हो मूर्तिवत बैठे रहे। वैसे ही अन्दर खड़ाऊँ की खटखट ध्वनि सुनाई पड़ने लगी। दूसरे ही क्षण दरवाज़ा खुला और शाहजी ने बैठक में प्रवेश किया।

अभ्यर्थना के लिए सब उठ खड़े हुए।

काला लम्बा-सा चोगा पहने, गले में सीपी, शंख, कौड़ियों और बड़े-बड़े मूँगों की पाँच-छः मालाएँ अस्तव्यस्त क्रम से पड़ी हुई थीं। दोनों कानों में इत्र की फुरहरियाँ लगी हुईं, आँखों में महीन सुर्मा, सर के लम्बे-लम्बे बाल और छाती छूती हुई लम्बी दाढ़ी मेहंदी में रंगी हुई थी। दाढ़ी की जड़ों में सफेदी झलककर उनके श्याम मुखमण्डल की रौनक बढ़ा रही थी। एक ने झुककर फरशी सलाम करते हुए नम्रतापूर्वक कहा, "आदाब बजा लाता हूँ हुज़ूर!"

"अखखाह, मियाँ हुसेनी हैं। खुश रहो भाई, खुश रहो। कहो मियाँ, अच्छे तो रहे?" शाहजी ने पूछा।

"सब आपकी इनायत है, हुज़ूर। हम लोग इन्हीं कदमों के ज़ेर साये पड़े रहते हैं।

"ना-ना भाई, ऐसी बात मत कहो। हम सब उसी परवरदिगार के बन्दे हैं। उसी के कदमों के ज़ेर साये परवरिश पाते हैं। तोबा, बिस्मिल्ला-उल-रहीमाने-रहीम! तू ही है, तू ही है!" दोनों कान पकड़कर हाथ और आँखें एक बार ऊपर की ओर उठाकर गद्गद भाव से, खड़ाऊँ से पैर निकाल, दो जानूँ होकर वह चौकी पर बैठे। फिर धूप और लोबान के धुएँ को हाथों में मल-मलकर चेहरे और दाढ़ी पर लगाने लगे।

"अरे हुज़ूर, हमारे लिए इस वक्त आप ही रसूल हैं।" गद्गद भाव से मियाँ हुसेनी ने कहा।

बैठे हुए दो-तीन व्यक्ति हाँ में हाँ मिलाने लगे। शाहजी बीच-बीच में उस बड़े जादूगर को बार-बार सिजदा कर किसी न किसी रूप में अपने गुण अपने-आप ही बखानते जाते थे। बैठे हुए लोग गर्दन हिलाकर, आश्चर्यचकित हो, 'वाह-वाह' करते जाते थे। एक आदमी उठता, मार्मिक स्वर में अपनी करुण कथा शाहजी के आसन के समीप जाकर सुनाता और शाहजी लच्छेदार बातों के साथ उसके लिए कोई यंत्र अथवा चौराहे की पूजा करने की व्यवस्था देते।

क्रमशः वह कादिर मियाँ की ओर संकेत कर कहने लगे, "हाँ भाई, तुम्हें क्या कहना है?"

कादिर और रमजानी मुग्ध भाव से उठकर शाहजी की गद्दी के पास तक आए। झुककर दो बार सलाम की ओर फिर दोजानूँ होकर बैठ गए।

बड़ी नम्रतापूर्वक संकोच के साथ कादिर ने उनसे कहना शुरू किया; "क्या बताऊँ हुज़ूर, एक आदमी हमको बहुत सताता है!"

सुर्मीली आँखों को कुछ क्षण कादिर के मुखमण्डल पर गड़ाते हुए शाहजी ने कहा, "अमाँ, आए कहाँ से हो?"

"खाकसार, यहीं मालीखाँ की सराय में बरफ बेचता है। हुज़ूर दिनभर में जो धेली-सूखी मिलती है उसी से आपके ज़ेरसाये परवरिश पाता हूँ। गरीबपरवर वही साला पीरू-पीरू करके एक आदमी इसी साल से बरफ बेचने लगा है। हमें हुज़ूर इसकी कुछ शिकायत नहीं। खाली इतना है कि वह अपनी ताकत के घमण्ड में ग्राहकों को भड़काता और तोड़ता है। पल्टनिये गोरों की नहाई हुई बरफ की सिलों को सस्ते दामों पर खरीदकर पाँच आने मन बेचता है, और हम तो सरकार डीपू के नौकर है। आठ आने मन खुला रेट है।"

शाहजी से बातचीत का सौभाग्य प्राप्त करने की लालसा से रमजानी बोल उठा, "इतना ही नहीं हुज़ूर, वह इस गरीब को बहुत सताता है। अब आज ही दोपहर में देखिए, दस आदमियों के सामने इस गरीब के साथ मार-पीट कर बैठा। ताकत का घमण्ड है, हुज़ूर। अपने सामने किसी को कुछ समझता ही नहीं। हमने उसे समझाया कि देखो अभी दुनिया में इतना अंधेर नहीं मचता, गरीबों की हिमायत करनेवाले भी अभी बहुत-से हैं। हमने कहा कि हमारे शाहजी को अभी खबर लग जाए कि तुम इस गरीब को सताते हो तो चुटकी बजाते तुम्हारे यह कल्ले-कल्ले दुरुस्त कर दें। फिर आपकी शान में हुज़ूर उसने ऐसी बात कही कि मेरी आँखों

में खून उतर आया। हमने कहा कि तुमने शाहजी को समझा क्या है? उनकी शान में ऐसी बात निकालते हो! दस आदमी उसी को ज़ेर करने लगे हुज़ूर, लेकिन अपने आगे यह कम्बख्त किसी की कुछ सुनता ही नहीं। जाहिल आदमी, बेपढ़ा-लिखा—बस अपनी ताकत के घमण्ड में भूला हुआ है।''

शाहजी बोले, ''अमाँ, तुम उसकी कुछ फिक्र न करो। हमें कोई कुछ कहता है, कहने दो। हम तो कहते हैं कि भाई हम नाचीज़ और तुम हमारे लिए सब कुछ हो। मगर हाँ, खुदा के किसी गरीब और कमज़ोर बन्दे को सताओगे तो इसका नतीजा तुम्हारे लिए बुरा होगा। अभी नरसों की बात है। राजा बाज़ार से मैं आ रहा था। एक आदमी एक कमजोर को दे हण्टर-दे हण्टर पीट रहा था। बेचारे ने हमारे पैर पकड़ लिए। कहा, शाहजी बचाइए। यह हमारी मज़दूरी भी नहीं देता और खामखाँ मार रहा है। हमने उसे समझाया तो वह हमीं को मारने दौड़ा। हमने कहा, 'भई, मार लो मगर इस गरीब को मत मारो।' इसपर वह अकड़ गया और एक हण्टर कसके फिर उस बेचारे को मार दिया। हमने कहा, 'खबरदार अब मत मारना।' लेकिन वह न माना, फिर जो हण्टर उठाया तो खुदा की मर्ज़ी उसका वह हाथ सर्र से कटकर गिर पड़ा।''

रमजानी, कादिर और बैठे हुए अन्य लोग मुग्ध भाव से 'वाह-वाह' कर उठे।

कादिर ने विनीत भाव से हाथ जोड़कर कहा, ''बस हुज़ूर, यही हालत अपनी है। वह हरदम मारता-पीटता रहता है। गाली-गलौज और ज़बरदस्ती करता है। अब उससे कौन बोले? वह तो हुज़ूर रुस्तमेहिन्द हो रहा है, और हम कहते हैं कि हमारा भी अल्लाह है। और शाहजी, वह सब देखते हैं, सबके मन का हाल जानते हैं। वही हमारी खबर लेंगे।''

शाहजी बोले, ''घबराओ मत भाई। खुदा बड़ा कारसाज़ है। उसने तुम्हें यहाँ तक भेज दिया, वही तुम्हारी अब खबर लेगा। वह किसी पर ज़ोर-जुल्म थोड़े ही देख सकता है मियाँ, देखें तुम्हें कहाँ मारा है।''

सिर से टोपी उतारकर मियाँ कादिर ने शाहजी को दिखाया।

अदृश्य चोर को शाहजी ने जैसे देख लिया हो। फिर वह गम्भीर भाव से सिर हिलाकर दाढ़ी पर हाथ फेरते हुए बोले, ''हूँ—तो उसने तुम्हें चाँटा मारा। उसके हाथ में शैतान का असर है। जान पड़ता है, उसने किसी औलिया से अपने हाथ में यह असर पाया है।...दो इल्मों की लड़ाई होगी भाई। लेकिन खुदा बड़ा कारसाज है, उसने तुम्हें मेरे पास भेज दिया है।'' इस तरह बात करते तिपाही

से पूजा, धूप और लोबान की धूनी में से घुमाकर कादिर की खोपड़ी पर तीन-चार बार फेरकर फूँक दिया। फिर बोले, "जाओ, शैतान का असर तुम्हारे सिर से निकाल दिया। एक पैसे का गोश्त खरीदकर और कड़वे तेल का एक चिराग तश्तरी में रखकर किसी चौराहे पर रख देना। और कल सवेरे सवा गज़ लाल कपड़े में बीस आने पैसे और एक ताज़ा फूल लेते आना। मैं कल रात मसान जाऊँगा, वहीं सब ठीक हो जाएगा। परसों सवेरे, तुम्हें तावीज़ दे दूँगा। अल्ला चाहेगा तो दो दिन में मूजी के पैर उखड़ जाएँगे।"

रमजानी और मियाँ कादिर अति नम्र भाव से सलाम-सिजदा कर प्रसन्न हो उठ खड़े हुए।

3

रास्ते-भर मियाँ कादिर और भाई रमजानी प्रसन्न-मन बातें करते चले आए।

"क्या मारा उस्ताद! शाहजी अब इसके घर में जो किसी को बचने दें। सुन लिया न भाई, शाहजी गुण्डे-बदमाशों के बहुत खिलाफ हैं। तुम्हें किस्सा बता रहे थे।" कादिर ने गद्‌गद भाव से कहा।

उन्मत्तकारी प्रसन्नता जब किसी भोले हृदय को दबोचकर बैठ जाती है, मनुष्य तब उच्छृंखल और निर्भीक हो जाता है।

अपनी दूकान पर पहुँचकर कादिर मियाँ ने हँसकर जो जताना शुरू किया, "ऐ भाई, वह हाथ मार दिया कि बेटा ज़िन्दगी भर न भूलेंगे। अपने को बड़ा धन्ना सेठ समझते थे, सरऊ। कल ही लो, गरीब और कमज़ोर को सताने का क्या मज़ा मिलता है?"

इसने पूछा, उसने प्रश्न किया और मियाँ कादिर बताना ही चाहते थे कि रमजानी ने उसके हाथ की चुटकी लेते हुए कहा, "तुम भी यार, कम्पनी बाग में चरने के लिए छोड़ देने के काबिल हो। लाख बार समझा दिया की फजूल की बकवास न किया करो। तुम क्या खाके किसी से कुछ समझोगे, डेढ़ पसली के आदमी..."

मुस्कराकर अपने दोनों कान पकड़ते हुए मियाँ कादिर ने उससे कहा, "अच्छा बाबा, गलती हुई माफ कर दो मियाँ।"

"नहीं, आप खामखाँ की शान में आ जाते हैं फजूल की बकवास शुरू कर दी। अभी कहीं वह भी किसी औलिया से हुआ तावीज़ ले आए तो?"

"ले बस, अब आप रहने दीजिए। शाहजी का इल्म काटनेवाला दुनिया में है कौन? भुट्टे-सा भूनकर रख देंगे वह उसको भी।"

रमजानी ने मन में एक कौतूहल था। शाहजी की आवश्यकता से अधिक प्रशंसा सुनकर उसे सिद्ध साधकों पर एक अनुपम श्रद्धा और तान्त्रिक विधानों पर अटल विश्वास जम चला था। वह बड़े उत्साह के साथ शाहजी का भक्त बन गया।

उस दिन वह सवेरे जाकर कादिर के लिए तावीज ले आया। और शाम को श्मशान-पूजन के लिए शाहजी की आज्ञानुसार, एक बोतल दारू, सवा गज़ लाल टुकड़ा, बीस आने पैसे, इत्र की फुरहरी, फूल और बताशे आदि शाहजी की सेवा में पहुँचाकर उनके काले चोगे का दामन चूमकर चला आया। शाहजी ने भी उसको और उसके मित्र को अभय दान देकर दूसरे दिन सवेरे ही मियाँ पीरबख्श की शक्ति क्षीण कर देने का विश्वास दिलाया।

दूसरे दिन सवेरे–

कादिर अपनी दूकान पर बैठा बीड़ी पी रहा था। प्रसन्नता किलकारियाँ मारती हुई उसके मुखमण्डल पर भोली क्रीड़ाएँ कर रही थीं।

वैसे ही, मियाँ पीरबख्श बढ़िया-सा रेशमी तहमद बाँधे और चिकन का चुन्नटदार कुर्ता पहने, मज़े में सिगरेट फूँकते हुए ठेले पर बरफ की सिलें लदवाकर आते दिखाई पड़े।

उस दिन कादिर मियाँ की आँखों में देखा कि पीरू के चेहरे पर एक अजीब मुर्दनी-सी छाई हुई है। कादिर मियाँ ने अपना बदन तौलते हुए अकड़कर कहा, "सुनते हो मियाँ, अपनी बरफ उस कोने पर रखिएगा। बहुत दिन सेखी बखार ली बेटा। अब अपना पनसाला बढ़ाइए।"

शाहजी के अभय-दान और पुण्य-प्रताप से, कादिर उस समय अपने को भेड़िया और पीरू को निर्बल बकरी का बच्चा समझ रहा था।

सिगरेट का कश खींचते-खींचते आश्चर्यचकित-सा होकर उसने कादिर को घूरकर देखा। पिछली रात उसने पाँच रुपए वाली अंग्रेज़ी शराब पीकर चौक के एक कोठे पर बड़े जश्न किए थे। इस समय भी वह उस मधुर स्वप्न को अपनी आँखों के सामने ही देखता चला आ रहा था। उसकी आँखों में खुमारी भरी हुई थी, और सिर में पीड़ा थी। फिर भी वह प्रसन्न था। आज वह लोगों को सुनाना

चाहता था कि उसने पाँच रुपए वाली बोतल खास मोहर लगी हुई, विलायती शराब पी है। कादिर को इस तरह व्यर्थ के लिए झगड़ा करते देखकर उसे आश्चर्य हुआ और क्रोध भी। उसने तमककर कहा, "अबे बेधा हुआ क्या? खामाखाँ को सवेरे-सवेरे लड़ता है।"

कादिर ने तनकर दुकान पर खड़े होते हुए कहा, "अब इस अकड़ में न रहिएगा मियाँ। ज़्यादा तीन-पाँच करोगे तो यह सारी जुल्फें बिगाड़ दूँगा। बड़े बाँके बने हैं। यह सारा बाँकापन पल-भर में हवा कर दूँगा। तूने समझा क्या है?"

पीरू का आश्चर्य भाव क्रमशः बढ़ता ही जाता था। वह सोच रहा था कि आज कादिर मियाँ किस बल पर अकड़ रहे हैं? फिर भी क्रोध और अपमान की जलन से उसका चेहरा तमक उठा। उसने दो कदम आगे बढ़कर कादिर से कहा, "अबे क्यों जान देने पर तुला हुआ है? सवेरे-सवेरे खामखाँ तकरार बढ़ा रहा है। कमज़ोर समझ के गम खा जाता हूँ, वरना चटनी की तरह पीस दिया होता।"

कादिर मियाँ का दिमाग आज सातवें आसमान से बातचीत कर रहा था। वह दुकान से उतरकर पीरू से गुँथ गया, दो-तीन हाथ भी चला दिए।

कुर्ता फट जाने और अपमान की जलन से आवेश में आकर उसने कादिर की पसली पर कस-कसकर चार घूँसे जमा दिए।

दुबला-पतला शक्तिहीन कादिर इस भीषण मार को सह न सका। उसे ऐसा प्रतीत होने लगा जैसे उसकी पसलियाँ टूट गई हों। उसकी आँखों के सामने एकदम अंधेरा-सा छा गया। उसका दम घुटने लगा। सिर चकरा गया और वह एक भीषण यातनामयी आह खींचकर निर्जीव-सा हो पृथ्वी पर गिर पड़ा। सिर से खून बहने लगा।

लाल-लाल आँखों को देखकर आसपास खड़े हुए व्यक्तियों को यह साहस न हुआ कि पीरू को कुछ भी कहें।

एक व्यक्ति दौड़ता हुआ जाकर कोतवाली में रिपोर्ट लिखवा आया और बाकी तीन-चार आदमी कादिर को होश में लाने की चेष्टा करने लगे।

पीरू अनमने भाव से कुर्सी पर टाँग चढ़ाकर बैठा सिगरेट पीता हुआ आसमान की ओर चुपचाप ताक रहा था।

पुलिस आई और तहकीकात पर पीरू को पकड़ ले गई। डाक्टर आया और उसने चोट की परीक्षा कर कादिर को फौरन अस्पताल ले जाने की सलाह दी।

डाक्टर के प्रयत्नों से कादिर होश में आया। आँखें खोलकर कातर भाव से उसने एक बार आसपास खड़े हुए लोगों को निहारा। कराहते हुए कादिर ने

धीरे-धीरे कहा, ''अरे रमजानी कहाँ हैं? उसे शाहजी के पास भेजो। साले ने हड्डी-पसली तोड़ डाली। खुदा इसे गारत करे।'' फिर दोनों हाथ थोड़ा ऊपर उठाने की चेष्टा करते हुए दीन भाव से आकाश की ओर ताककर उसने कहा, ''अल्लाह करे, उस साले का बेड़ा गर्क हो...अरे मेरी अम्माँ! आह! आह!!''

अस्पताल में शाम को रमजानी ने कादिर को बतलाया कि शाहजी फरमा रहे थे कि दो इल्मों की लड़ाई छिड़ गई है। कल रात मसान पर इसी तनातनी में बात बहुत आगे बढ़ गई। पीरू को एक औलिया ने शैतान के सिपुर्द किया है, इधर शाहजी ने मन्तर के बल से शैतान को जला डालने की कोशिश की। उधर वह औलिया भी मन्तर के बल पर टक्कर ले रहा है। कल रात इसी लड़ाई में आसमान के तारे टूटते-टूटते बचे। सारी दुनिया जलकर खाक हो गई होती। वह तो कहो शाहजी ने बचा लिया। अब कम से कम पचास रुपए हों तो साले का 'सत्तियानास' हो जाए। बड़े-बड़े कुलाबे भिड़ेंगे।

पीड़ा से क्लान्त होकर कादिर ने टूटे हुए हृदय और मरी हुई आवाज़ में पीली-पीली निस्तेज आँखों से रमजानी की ओर ताकते हुए कहा, ''पचास रुपये? कहाँ से लाऊँ बाबा!...अरे मेरे अल्लाह!''

उसने आँखें बन्द कर लीं। बन्द आँखों की कोरों से आँसू बहकर कान के सहारे होते हुए बिस्तरे पर टपक पड़े।

❑❑❑